『修証義《しゅしょうぎ》』解説

道元禅師に
学ぶ
人間の道

丸山劫外
Maruyama Kougai

佼成出版社

『修証義』解説

——道元禅師に学ぶ人間の道——

刊行に寄せて

駒澤大学名誉教授　佐々木宏幹

本書『『修証義』解説――道元禅師に学ぶ人間の道』は、もと『曹洞禅グラフ』(仏教企画刊)に平成二十三年一月から平成二十六年九月まで十六回にわたり連載された『修証義』の解説である。

著者の丸山劫外師は尼僧さんであり、現在所沢市の吉祥院住職を務めると共に、講演・講義・執筆など、布教を通じて「人救い」のためひたむきに生きている方である。

私が知る限り、師が在家生活に見切りをつけて出家得度するにいたる過程は、決して平坦なものではなかったようだ。

群馬県に生まれ、早稲田大学を卒業された師は、三十六歳のとき故・浅田大泉老師に就いて得度されたが、それまでのいわゆる娑婆生活は波瀾に富むものであったらしい。

会社の社長として活躍したり、恋もしたり、癒やしを求めて国内はもとより海外各地を旅し、ギリシャやイタリアのアッシジなど、求道の旅をしている。

とにかく師は冒険心に富むというか探究心が強いというか、関心をもった事柄は徹底的に極め尽くさないと満足できない性格を具えているように私には見える。

師は在家であった頃に永平寺のお授戒会に参加したり、キリスト教徒としての信仰生活を送ったり、インドを三か月も一人旅をしたり、その生き方は「求道者」のそれである。その求道の果てに辿りついたのが釈尊であり道元禅師であった。

師は平成元年（一九八九）に故余語《よご》翠巖《すいがん》老師（最乗寺住職・總持寺副貫首）の室にて伝法、その後平成八年（一九九六）に老師がお亡くなりになるまで、お弟子としてよくつかえ、老師が病床に就かれてからは献身的に看病をし、最期のお見送りをした。その翌年、平成九年（一九九七）に駒澤大学に入学し、仏教学を専攻、同十六年（二〇〇四）に同大学大学院人文科学研究科博士後期課程を単位取得満期退学している。

そして、同年曹洞宗総合研究センター宗学研究部門入所。平成二十四年（二〇一二）に前記吉祥院の住職になられた。

この歩みに見られるように師の人生は、「思い込んだら命がけ」そのものである。

師は小柄で体重は三十キロ、よくもあれ程の活躍ができるものと、ただただ感嘆するのみである。信仰の強さの賜と言うほかない。

さて、『修証義』は曹洞宗の根本聖典である。この聖典はよく知られているように、道元禅師がものされた『正法眼蔵』九十五巻の中から主要な文言を集め、これを全五章三十一節にまとめたものである。

本聖典は明治二十三年（一八九〇）十二月一日に公布された。

公布のいきさつについては、丸山師が縷縷述べておられるので、私見の披露は遠慮したい。

『修証義』は冒頭で「生を明らめ死を明らむるは仏家一大事の因縁なり、生死の中に仏あれば生死なし」と謳っている。ついで「但生死即ち涅槃と心得て、生死として厭うべきもなく、涅槃として欣うべきもなし。是時初めて生死を離るる分あり」と続く。

丸山師は「まず、なんといっても仏教徒にとって、最も大事なことは〝生死をあきらめること〟に尽きると言ってもよいでしょう。……それではこの生死をどうあきらめたらよいのでしょうか」と述べ、ご自分の解釈に入る。

『修証義』の解説本や訳本は、これまでもいろいろな人によって刊行されている。

したがって丸山師の手になる本書は「丸山解説本」と呼べるものである。

そのユニークさは奈辺にあるのだろうか。

たとえば「生死即涅槃」を師は「生死は大安楽そのもの」「生死は真如そのもの」さらに「生死は仏そのもの」「生死は一つ、命そのもの」と解説している。

そして、このように得心すれば、生死に迷うことはなくなるはずです、と述べた上で「得心が難しいところですが」と付け加えている。仏道を語ることは容易であっても、みずからこれを悟り実践することは大変なことですよと釘をさすことを忘れない、この丸山師らしさは、本書のあちこちに点綴《てんてい》している。

師は「私にも結構、いろいろな悪心がある。しかし有り難いことに仏道に出会って、この悪心に光をあてることができるようになった」と述懐しておられる。

ついで「ひたすら今ある命を、人間として営々と生き続けていく、助け合って生き続けていこう」。なぜならそれが道元禅師の教えだからと説く。

また師は、「一切の悪業は執着する心、とらわれの心から生じていたとわかったときに、本当は、そこではじめて本心からの懺悔ができるのではないでしょうか」「心からの懺悔をして、仏弟子として広い大道を歩かせていただこうではありませんか」と強調している。

本書はまず『修証義』の原文を示し、次に訳文を付し、そして分かり易い解説を行うという三段階の展開となっている。

混迷を極める現代の日本社会にあって、この『丸山修証義』は真に生きるとは何かを見事に論じている。ぜひ一読されるように心よりお薦めしてやまない。

平成二十八年三月五日

『修証義』解説——道元禅師に学ぶ人間の道——　目次

第二章　懺悔滅罪（第七節～第十節）　47

第三章　受戒入位（第十一節～第十七節）　63

ブックデザイン　鈴木正道（Suzuki Design）
写真提供　平子泰弘
（カバー：チベットの山河／表紙：チベットの草原）

序説　『修証義』とは何か？

『修証義』の成り立ち

江戸時代が終焉を迎え、明治の世になって、明治の新政府は宗教界にも種々の変革を命じてきました。そのような中で、大衆教化運動が盛んとなりました。『修証義』の原案を編輯した大内青巒《おおうちせいらん》（一八四五～一九一八）は、宗教界にも新風が吹き渡るそのような時代に、曹洞宗内だけではなく、各宗派にも影響力をもつ論客であり旗手として、大いに活躍をした在家の居士です。大内青巒は後に東洋大学の学長にもなっています。

明治の新政府は明治元年（一八六八）に、国民に対して尊皇愛国思想の教化（大教宣布）をするための機関として大教院を設けました。仏教界もその下で教化活動をしていたのですが、明治八年（一八七五）に大教院が閉鎖されてからは、各宗で独自に教化活動を行えるようになりました。曹洞宗に限らず他宗でもこの時代には多くの変革がなされ、各宗の教会結社が作られています。曹洞宗は「曹洞宗教会条例」を公布し、百以上の多くの教会結社ができました。その中でも最も大きな組織になったのが、大内青巒が中心となって作った曹洞扶宗会で、明治二十年（一八八七）四月に創設されました。

この会の創立の発起主唱者には、新井石禅師（後に總持寺独住五世）、森田悟由師（後に永平寺六十四世）、日置黙仙師（後に永平寺六十六世）北野元峰師（後に永平寺六十七世）など後に両大本山にて貫首を務める実力者も名を連ねていました。

しかし、布教の根幹となる宗門としての「宗意安心」がまだ確立していませんでしたので、大内青巒が中心となり『洞上在家修証義』が編輯され、明治二十一年（一八八八）二月には出版されています。さらに同年十一月には、宗門として正式に在家の方々の教化の書として採用されるようにという建議が両本山に提出されたのです。

この建議に対して、両本山の会議において、『洞上在家修証義』を基に、緻密な修正を加えてから、両本山の貫首の撰述として、正式に公布しましょう、ということが決められたのです。

そこで、永平寺の滝谷琢宗《たきやたくしゅう》禅師（一八三六〜一八九七）と、總持寺の畔上楳仙《あぜがみばいせん》禅師（一八二五〜一九〇一）を中心として、『洞上在家修証義』を修正することになりました。

早速、滝谷琢宗禅師による五回に及ぶ大幅な修正が加えられた『修正曹洞教会修証義』が起草されました。これを基にして、畔上禅師は、さらに多くの僧侶の意見を聞き、検討し合い論議を重ねて『曹洞教会修証義』が、曹洞宗における教化の標準として、明治二十三年（一八九〇）十二月一日に正式に公布されたのです。

さらに、昭和二十五年（一九五〇）に『修証義』とだけ挙経するように決められて、現在にいたっています。

『修証義』の成立について、概略をご紹介しました。『修証義』は、明治の宗教家の人々が、布教に対しての真剣な熱い思いをもって生み出された書であり、曹洞宗では宗典と表現しています。（以下、文中、『修証義』は経典という表現で統一したいと思います。）

『修証義』の大意

『修証義』中に使われている文言は、ほとんど道元禅師の『正法眼蔵』からの引用です。大内青巒居士が、はじめに編輯した『洞上在家修証義』には、『正法眼蔵』以外からの引用文も多く、在家の皆様の教化に重点をおいたものでしたが、滝谷禅師は、出家・在家の安心《あんじん》の指針書という視点から、編輯しなおされています。『修証義』と言いますと、大内青巒居士の編輯とすぐに思う人が多いですし、たしかに大内青巒居士の功績は大きいのですが、今の形になり、さらに宗典としての内容が整うには、滝谷禅師の手になるところが多大と言えましょう。

この経典に説かれているところは、曹洞宗の方だけではなく、仏教を生きる指針として学びたい方が、仏教とはどのような教えであるのかを学ぶことができるものとなっています。

『修証義』の構成は、五章で成り立っています。各章に、第一章総序《そうじょ》、第二章懺悔滅罪《さんげめつざい》、第三章受戒入位《じゅかいにゅうい》、第四章発願利生《ほつがんりしょう》、第五章行持報恩《ぎょうじほうおん》という題がつけられています。

詳しくは、解説に書きましたので、お読みいただければと思いますが、序文として概要を述べておきます。

まず、「修証」という題の意味ですが、修行と証《さとり》は一つである、という道元禅師の教えを標榜しています。修行してやがて証を得るというのではありません。本証妙修という表現が禅宗にはありますが、これは本来さとっていることが本証ですが、そのさとりの上での修行を妙修と言います。わかりやすく言いますと、さとりは何かということは問わないで、修行しさえすれば、そこにさとりは現れている、と言ってよいでしょう。ですから、さとり、さとり、とさとりを求めなくても、修行さえすればさとりと一つなのであり、それを妙修ということになります。

ですからいくら理論がわかったからといって、修行しなくては、さとりは現れないというのが道元禅師が説くところです。

しかし、やみくもに行じるのではなく、仏祖が伝えてきてくださった教えを『修証義』で正しく学ばせていただこうというのが「修証」の趣旨である、とお受け取りください。「総序」において、生死を明らかに知ることは一大事因縁であることが説かれます。そして、因果の道理はごまかすことができないことが説かれます。悪だけではなく、善もその果報はありますが、その報いの必ずあることが説かれます。救ってもらいたいと願う者は、善をなす者よりも悪をなす者のほうが多いのではないでしょうか。

この章を受けて、その救いとして、「懺悔滅罪」が次に説かれるのです。この人生において多かれ少なかれ過ちを犯さない人はいないのではないでしょうか。大ならず小なりとも何かしらお詫び申さなくてはならない過ちを犯しているでしょう。多大なる悪業を犯している人もいるでしょう。それでも、心からの誠をもって、仏の御前《みまえ》に懺悔すれば罪は滅せられると説かれています。

次に第三章「受戒入位」が説かれます。懺悔し清浄な身となったからには、仏法僧の三宝に帰依し、仏の戒を受ければ仏の世界に入れるのだと説かれるのです。仏の戒を受けるということは、三世の諸仏がさとられた、この上ない最高のさとりをこの身にいただくことと同じであるという救いの極致が説かれています。

第四章「発願利生」では、自未得度先度他の心を発《おこ》すことが勧められます。これが菩提心を発すことであると説かれています。人々を利益する実践行として四摂法《ししょうぼう》（布施・愛語・利行・同事）が説かれます。四摂法は初期の仏典から説かれている仏教徒としての基本的な実践行ですが、道元禅師の説かれる四摂法を『修証義』で学んでみましょう。

最後の第五章は「行持報恩」になります。行持という意味は修行を常に続けること、の意味です。この日々の行持が報恩感謝を表す正道だというのです。報恩行と言いますと、何か特別のことをしなくてはならないのではないかと思いがちですが、一日の身命を尊んで、修行し続けていくことが諸仏の大道に通じているというのです。

「願生此娑婆《がんしょうししゃば》国土《こくど》し来れり」――私たち人間は、願ってこの娑婆国土に生まれ来た一人一人です。まして御仏の教えに出会えたことを感謝しつつ、歩んでいく道を『修証義』から学んでみましょう。

第一章　総序（第一節〜第六節）

〔第一節〕

生《しょう》を明《あき》らめ死《し》を明《あき》らむるは仏家《ぶっけ》一大事《いちだいじ》の因縁《いんねん》なり、生死《しょうじ》の中《なか》に仏《ほとけ》あれば生死《しょうじ》なし、但生死《ただしょうじ》即《すなわ》ち涅槃《ねはん》と心得《こころえ》て、生死《しょうじ》として厭《いと》うべきもなく、涅槃《ねはん》として欣《ねが》うべきもなし、是時初《このときはじ》めて生死《しょうじ》を離《はな》るる分《ぶん》あり、唯一大事《ただいちだいじ》因縁《いんねん》と究尽《ぐうじん》すべし。

〔訳〕　生死を、明らかに知ることこそ、仏教徒として最も大事なことである。生死の中に仏があるので、生も死も無いのである。ただ生死はとりもなおさず涅槃なのだということを得心し、生死なら厭い嫌うということはよくないし、涅槃ならば喜ぶということは正しくない。生死即涅槃と得心したとき、はじめて生死の執着から脱することができるのである。生死こそは覚りを開くための因縁として、深く参究しなさい。

〔第二節〕

人身得《にんしんう》ること難《かた》し、仏法値《ぶっぽうお》うこと希《ま》れなり、今我等《いまわれら》宿善《しゅくぜん》の助《たす》くるに依《よ》りて、已《すで》に受《う》け難《がた》き人身《にんしん》を受《う》けたるのみに非《あら》ず、遇《あ》い難《がた》き仏法《ぶっぽう》に値《あ》い奉《たてまつ》れり、生死《しょうじ》の中《なか》の善生《ぜんしょう》、最勝《さいしょう》の生《しょう》なるべし、最勝《さいしょう》の善身《ぜんしん》を徒《いたず》らにして露命《ろめい》を無常《むじょう》の風《かぜ》に任《まか》すること勿《なか》れ。

〔訳〕　人間として生まれることはたやすいことではない。仏の教えに出会うのも稀なことである。今、私たちは、過去の善い行いの助けによって、受けがたい人間の身をすでに受けただけではなく、遇いがたい仏の教えにふれることができている。生死の中でも、このようなことは善い縁であり、最も勝れた縁と言うべきではなかろうか。仏法に出会えたという素晴らしい身であるのだから、露のように儚いこの命を、ただ空しく無常の風に任せてはならない。

〔解説〕
どなたにとっても心のどこかに、何をしていても、気になっていることは、「生死」のことではないでしょうか。それも「生」よりも「死」のほうではないでしょうか。この総序ではまずそのことを「明らめよう」、「明らかにしましょう」、という、このはじめの二節こそ、仏法が解き明かしたい中心の課題です。第一節と第二節の要旨は次のようになります。

生死を明らめることこそ、仏教徒として最も大事なことです。生死即涅槃なのです。このことを明らめれば、生死に執着をしないで、覚りを開くことができるです。

今、このように人間として生まれてきて、さらに仏法に出会えているこの身は、最も素晴らしい縁に出会えているのですから、露のように儚いこの身を空しく生きてはなりません。

生と死を明らめるとは

どなたもご自分の命のことを、あらためて考えたとき、不思議と思わない人はいないのではないでしょうか。それでは、この生死をどう明らかに見たらよいのでしょうか。

第一節で、「生死即涅槃」と表現されていますが、ここでいう涅槃とは、道元禅師はどのような意味でお使いになっているのでしょうか。

一般的に、涅槃とは、「迷いの炎が吹き消された状態」とか、「悟りを得ること」とか「悟りを開かれた方が亡くなること」などと訳されますし、お釈迦様がお亡くなりになられたことは大般涅槃に入られたと表現されています。

生死が涅槃そのものである、とは、どのように解釈したらよいのでしょう。これさえ理解できれば、仏教の根本に行き着けるような気がします。実は『修証義』の冒頭から、仏教の根本が説かれているのです。

『修証義』は、だんだんにわかるように説かれている仏教の入門書ではありません。生とはなんぞや、死とはなんぞや、の根本を道元禅師の教えに照らして、最初から投げかけてくれている一書なのです。

道元禅師は『正法眼蔵』「生死」巻で「この生死はすなわち仏の御いのちなり」とおっしゃっています。「仏の御いのち」であれば、とりもなおさず「涅槃」そのものということになるのではないでしょうか。ほかにどんな説明が「生死」にいるでしょうか。この言葉で十分ではないかと思うのですが、この「生死即涅槃」を、別の言葉で言い換えてみましょう。一つに「生死は大安楽そのもの」である、一つに「生死は真如そのもの」である、そうして「生死は仏そのもの」であると。そう得心すれば、生死に迷うことはなくなるはずなのです。得心が難しいところですが。

生しかなかったとしたら、死しかなかったとしたら、どうでしょうか。死があるから生が深まり、生があるから死が深まる、生と死を切り離すことはできません。「生死」は、生と死と切り離すことはできないのです。「生と死」ではなく「生死」は一つ、別の言葉で表せば「命」そのものと言えましょう。

今まで、「私の命は私のもの」「俺の命は俺のもの」と思っていた人が、この命は「仏の御いのちである」と受け止めたとき、はじめて仏教の信仰がスタートすると言ってもよいのではないでしょうか。実は正直申し上げますと、ここが自分自身の信仰にとっても大事なことと、私は、最近ようやく気がついたのです。

多くの方は、この世に生まれようとして生まれたという自覚は無いと思います。実は願って生まれてきた命なのですが。また、自ら心臓の動きを止めて命を終えていくのでしょうか。不思議としか言いようのないはたらきによって、生まれ、そして死ぬ命ではありますが、それを「仏の御いのち」と道元禅師は教えてくださったのです。

「仏」とは言いかえれば「真実」と言ってよいでしょうか。「天地」と言ってよいかもしれません。この「仏」はお釈迦様のことではありません。

「仏」という表現と響きに、無条件の救いがあるのではないでしょうか。

死が自然に訪れるまで生きぬく

私の知人に商売に失敗して、借金取りには追われるし、にっちもさっちもいかなくなって、崖の上に立った人がいます。靴を脱いで、合掌したそのとき、ふと「この生死は仏の御いのちなり」という言葉が、胸の中に響いたのだそうです。

学生時代にどこかで学んでいたのでしょう。「ほとけのおんいのち」「仏の御命」……。

崖の下で海の波が砕け散る音に、急に足がガタガタとふるえ、「死んではいけない」と思いとどまったのだそうです。彼は、現在では仕事を得まして、きちんと借金を返しながら、生活を立て直しています。何しろ死ぬ気になったのですから、死ぬ気になればなんでもできる、とわかったそうです。

平成十年に日本の自死者は三万人を超えてしまい、特に十五歳から三十四歳までの死因のトップは自死であるといいます。原因には、経済的な問題や、病気、いじめなど多様ですから、一概に論じることはできませんが、なんとかできないものかと心を痛めます。死んでいく本人も苦しいでしょうが、比較はできませんが、それ以上に苦しむのは、遺された家族ではないでしょうか。自死を決行しようと思う人がいたら、なんとか死をとどまって欲しいと願います。一度ホームから飛び降りようと思っている女性をとどめた経験がありますが、どうしようかと迷っている人を感じたら、なんとか止めに入りたいですね。

キリスト教では、死後、神の国に入れないことを怖れてとどまる人もいるのではないでしょうか。仏教ではその辺は曖昧です。と言いますよりも自死者に対して説くことが、かつては必要なかったと言えましょう。現代のようにこれほど自死をしてしまう人がいなかったので、あえて説くことは必要なかったのです。

しかし、あえて私は言います。自死は仏の命である自らの身を殺すことになるのです。なんとしても仏の命である自らを殺すことなく、どんな手を使ってでも自然に死が訪れるまで生きて欲しいと願います。なんとしてでも生きましょう。自ら死を選ばなくても、必ず誰にでも間違いなく「そのときは訪れるのです」から。

すでに自死者のいらっしゃるご遺族の方がこの一文を目にして苦しむことの無いようにしていただきたいのですが、これからの自死者をとどめたい願いとしてお許しください。僧侶として、自死の人があの世で苦しんでいるのではなかろうか、と感じることがあります。自死をしてしまった人の供養は、私は毎日何年も続けています。お経だけではなく語りかけ続けます。あくまでも仏菩薩にお願いして、語りかけるのですが。私自身に神通力なるものがあるわけではありませんので、ご供養の時は必ず仏菩薩の助けを借りています。そしてある時、ふっと、もう大丈夫と感じる時があります。

これも証拠をお見せすることのできないことで、私の感じにすぎませんが、時が来て自然に亡くなっていく人たちとは明らかに違う供養が必要であると思っています。

なお、抗鬱剤のような薬は、自死を誘発してしまうこともあるようですから、よほど気を付けて服用していただきたいと思います。

この命は「仏の御いのち」なのだと、心に刻んで欲しいと願います。

人間として生まれ生きており

さて、中国の唐の時代に、夾山善会《かっさんぜんね》（八〇五〜八八一）という禅僧は、「生死のなかに仏有れば即ち生死に迷わず」と言いました。定山神英《じょうざんしんえい》（生卒年不詳）は「生死のなかに仏なければ即ち生死なし」と言いました。このようなことを、真剣に論じ合いながら、覚りを求めて行脚していたのです。

道元禅師はこのお二人の言葉をふまえて、「生死の中に仏あれば生死なし」とおっしゃいました。生まれて死ぬ、この絶対的な真実、それが仏の命なのですから、迷いとしての生死はどこにもないし、生も仏、死も仏、生と死という相対的な二元はなく、仏きりだ、ということです。

生と死、と、切り離して考えるのではなく、「生死」一つです。「生死」は「命」です。この命を仏、大いなるものと言いましょうか、にゆだねつつ、かつ生きている間の舵取りを任されたこの命でもありますから、この命が心の底から喜ぶような生き方をしたいものです。苦あれば楽あり、楽あれば苦あり、人生は山あり谷あり楽園あり。どちらでもどんとこいといただき、いただき、一歩一歩、自分に開いてくる道を黙々と歩いていけば、生死に縛られている思いから解き放たれて、悠々とした日々を送ることができるのではないでしょうか。これが仏教徒としての大事な心構えではないでしょうか。

またこうして人間として生まれるということ自体なかなか得難いことであり、こうして仏法に出会うということも得難いことだということは、最古の経典と言われている『ダンマパダ』

（法句経）にも、

人間の身は受けがたく　死すべきものは生きがたい
正しい法は聞きがたく　もろもろの仏は出現しがたい

（『ダンマパダ』一八二。片山一良訳）

と説かれています。

私の本師、余語翠巖老師（一九一二〜一九九六）は、大雄山最乗寺の第十八世山主であり、總持寺の副貫首になられた禅師ですが、「けらというものに生まれて泳ぎおり」という川柳を、たびたび法話の中で紹介されていました。これは新聞に掲載の川柳だったようです。

けらのような小さな虫でも、けらとして一生懸命に泳いで生きている。この姿に、ひたむきに、ひたすらに、健気に生きている命の姿を、この作者も、感じ取られたのではないでしょうか。本師も、ひたむきな健気な生き方に、感動なさるような方でしたので、この川柳に共感なさったのだと思います。人間も人間として生まれた以上、ひたむきに、ひたすらに、健気に生きたいものだというメッセージと受け取ります。

そして「人間というものに生まれて生きており」と、私は時々自分自身に話しかけています。

時には自分を励ますように、時には嬉しく、時には苦しい思いの時もありますが、とにかくひたすらにひたむきに健気に人間を生ききりたいと願っているのです。

大いなるものに生かされている命

人間として生まれた上に、今この世で仏の教えに出会えたことこそ、最も素晴らしいことなのだ、と道元禅師もおっしゃっています。お金や名誉を追いかけて夢中になっているだけでは、この命がもったいない。仏の教えに出会うことこそ、一生をむざむざと空しく過ごさないことと言えましょう。（ただ、私は、お金を稼ぐことも大事だと思っています。それをどう使うかはまた別の問題になりますが。お金を生かすも殺すもやはり人間次第だと思います。）

そして、「この生死は仏の御いのち」だと掌を合わせつつ生きていけたなら、どんなにか心豊かな一生を送ることができるのではないでしょうか。自分の命を仏の命と拝めたとき、命有り難し、と言いたいですね。そして、自分の命だけではなく、自ずと他の命も拝まずにはいられなくなるでしょう。

勿論、人間だけが仏の命ではなく、けらも猫も犬も牛も熊も猿も草も木も、皆、仏の御命ですが、「仏の御いのち」と自覚できるのは人間だけでしょう。最も、そのような自覚は、人間だけが必要なのかもしれません。

それぞれの縁によって、仏教だけではなく、キリスト教やイスラム教や、それぞれの宗教との出会いがあるでしょう。それぞれの教えによって、自分の力だけで生きているのではなく、この命、何か大いなるものに生かされていると自覚して生きられさえすれば、これに勝る幸せはないと言えましょう。

先日、友人の妹さんが、突然お亡くなりになりました。つい最近、電車で出会ったばかりでした。他人事ではありません。明日はこの身です。いや明日とは言わず、今日かもしれません。露のように儚いお互いのこの世での命です。

しかし、儚いというのは人間の判断にすぎません。生きていた姿がありました。死んでいく姿がありました。どこにも偽りはありません。絶対の真実です。誰一人としてこの真理から外れる人はありません。人以外のあらゆる生物も、皆、同じ真理の中の起き伏しです。仏の命の起き伏しです。「仏の御命さん、これでよい、今?」と、自分自身に問いかけながら、丁寧に日々を生きていきたいものです。

〔第三節〕

無常憑《むじょうたの》み難《がた》し、知《し》らず露命《ろめい》いかなる道《みち》の草《くさ》にか落《お》ちん、身《み》已《すで》に私《わたくし》に非《あら》ず、命《いのち》は光陰《こういん》に移《うつ》さ

れて暫《しばら》くも停《とど》め難《がた》し、紅顔《こうがん》いずくへか去《さ》りにし、尋《たず》ねんとするに蹤跡《しょうせき》なし、熟《つらつら》観《かん》ずる所《ところ》に往事《おうじ》の再《ふたた》び逢《お》うべからざる多《おお》し、無常忽《むじょうたちま》ちに到《いた》るときは国王大臣親暱従僕妻子珍宝《こくおうだいじんしんじつじゅうぼくさいしちんほう》たすくる無《な》し、唯独《ただひと》り黄泉《こうせん》に趣《おもむ》くのみなり、己《おの》れに随《したが》い行《ゆ》くは只是《ただこ》れ善悪業等《ぜんなくごうとう》のみなり。

〔訳〕　この世の一切は変化し続けていくのであるから確固たるものはない。露のように儚いこの命も、いずこの道端の草の上に消えていくかわからない。私の命と思っているこの身も、もとから私の思うとおりにはならないものなのだ。命は時の流れに乗って少しの間も止まっていることはない。少年の日のあの元気な姿はいったいどこに行ってしまったのだろうか。探そうとしてももはや跡形もない。つくづく考えてみるに、過ぎ去ったことは再びかえってはこないことばかりだ。死がたちまちに訪れたなら、国王であろうが、大臣であろうが、親しい友も従者でも、妻子であろうが、財宝であろうが、なんの助けにもならない。ただ一人で冥途に行くばかりだ。自分につきまとうのは、自分が行った善業悪業だけなのである。

〔第四節〕

今《いま》の世《よ》に因果《いんが》を知《し》らず業報《ごっぽう》を明《あき》らめず、三世《さんぜ》を知《し》らず、善悪《ぜんなく》を弁《わき》まえざる邪見《じゃけん》の党侶《ともがら》には群《ぐん》すべからず、大凡因果《おおよそいんが》の道理《どうり》歴然《れきねん》として私《わたくし》なし、造悪《ぞうあく》の者《もの》は堕《お》ち修善《しゅぜん》の者《もの》は陞《のぼ》る、毫釐《ごうり》

も忒《たが》わざるなり、若《も》し因果《いんが》亡《ぼう》じて虚《むな》しからんが如《ごと》きは、諸仏《しょぶつ》の出世《しゅつせ》あるべからず、祖師《そし》の西来《せいらい》あるべからず。

〔訳〕　この世の中で、因果の道理を知らず、また善業悪業の応報があることをさとらず、過去現在未来の三世のあることを知らず、善悪の判断ができない邪見の者たちの仲間になってはならない。そもそも因果の道理は、一切私のはからいの及ばない道理であることはまぎれもない明白なことなのだ。悪を為す者は地獄に堕ちるし、善を行う者は天にのぼる、これは毛筋ほども違えることはない。もしも因果の道理がなく、因果の道理をむなしいものとするならば、多くの仏祖がこの世に出現することはなかったし、達磨大師も中国に禅を伝える必要はなかったであろう。

〔解説〕
この世の全ては無常であり、この命の儚さは誰しも知っていることです。この世の名声も富も死んででもって行けるものではないことは、言われなくても誰でも知っています。それこそ仏教で説かれなくても誰でも知っていることと言えましょう。
実際、お釈迦様が説かれたこと（仏の教え）は、川の水が上流から下流に流れていくような自然の法則なのです。あらためて説かれなくても、もともとこの地球上の一切の有り様であり、真理なのです。でもあらためてお釈迦様が、お釈迦様の智慧の角度から説いてくださったことによって、人間が真理をあらためて認識できたと言えましょう。

因があり縁があって花が咲く

その教えの中でも、「因果の理」は、根本となる教えです。「蒔かぬ種は生えぬ」ということは誰でもわかっています。そして実を結んだり、花が咲いたりの「果」を得るまでに、太陽の熱や光や雨や人やらの助けを受けます。これが「縁」になります。因と縁無くして、今まで何もなかった庭に、突然花が出現することは普通はありえません。

しかし、お釈迦様出現以前のバラモンの教えは、この因果の道理とは違っていたのです。わかりやすい例をあげてみますと、バラモンたちは、少しも勉強をしない者でも、難関を突破できますようにと、頼まれればその意が叶うように拝んだり、大悪人が沢山の貢物を神々に捧げて、後生が良いようにと頼まれれば、その願望を叶えるように呪術を行うというようなことで、これはお釈迦様の説かれた因果の道理とは全く違った教えであることがおわかりいただけるのではないでしょうか。

仏教では、この世の全ては、なんらかの縁によって、かくのごとくあらしめられている、あなたも私も木も空行く雲でさえそんな存在です。全く単独に自力のみで、ポッと此処《ここ》に存在している事も物も人も他の生物もありません。このこともよくわかってはいますが、時々、自分の力だけで生きているような錯覚を、起こしてしまう人も時にはいるでしょう。

さて、善因を蒔いて、この世で良いことがあるかと言えば、そうばかりでもなさそうです。あんなに良い人が、なんであんな悪い目に遭うのだろうね、ということもよくあります。

一方、あんなにひどい人が、どうしてあんな良い目にあっているのだろうね、ということもあります。悪因が必ずしも悪い結果を招いていないように見えます。それではお釈迦様の因果応報の教えは間違っているのでしょうか。

このことについては、まず、善因あるいは悪因の結果が、現世（または現在）に生じることもあれば、来世（または後）に生じることもあれば、さらに来世以降（または後々）に生じることがある、と仏教では言います。これを三時業《さんじごう》と言いますが、このことについては次の節で詳しく学んでみましょう。

ただ、ここで知っておきたいのは、経済的や物質的に恵まれたり、世間的に出世したりするようなことを「良い目」と言い、その反対を「悪い目」というのは、世俗的な見方にすぎないということです。

お釈迦様はそのようなことをおっしゃっていません。お釈迦様は、やがては王になる生活を捨てて、出家なさった方です。名声や財宝を手に入れることの空しいことを知って、空しくないことは何かを探し求め、そして探りあて、それを教えてくださったのです。

その教えこそは、この「身心《しんじん》（仏教では心身という表現よりも身心と言います）」に関する教えなのだと言えるのではないでしょうか。よく「心の教え」という表現がありますが、心はこの身を離れてありませんから、「身心の教え」という表現をとりたいと思います。

因と果は三世にわたたって続く

お釈迦様の教えは、この世の評価、価値判断にかかわらない、ただこの身心に関する教え、この身心がいかに「清々と生きるか」、いかに「晴れ晴れと生きるか」、そのための教えと言ってもよいでしょう。人間の欲望を叶える教えとは違うのです。

お金には恵まれなくとも、またどんなに孤独でも、一方、億万長者であろうが、また名声を博している人であろうが、どんな境遇にあっても、どうしたら清々と生きられるかという教えなのです。いかに身心が豊かに生きられるか、いかに身心を自由に生かせるか、そのためには、どんな種を蒔いたらよいのか、という教えと言えましょう。その点において、本来、一切差別のない教えなのです。

ウルグアイの第四十代大統領のホセ・ムヒカ（一九三五〜）氏は「貧乏な人とは、少ししかものをもっていない人ではなく、無限の欲があり、いくらあっても満足しない人のことだ」と演説なさいました。まさに教えられるべき言葉だと思います。

それでは具体的に仏教では何を善といい、何を悪というのでしょうか。一つに、「貪《むさぼ》り」や「瞋《いか》り」を起こさず、「まことの智慧」を得ることではないでしょうか。自分の欲望に振り回されないで、他を助けるために働くこと、最高の善は、自未得度先度他ですが、このことはまた後に話しましょう。その逆が不善（悪）です。特に執着によって何事かを為すことは最たる悪業といえましょう。自分の欲を満足させたいために執着し、他を困らせるような生き方は悪です。善業悪業という「業」とつく言葉は、なんとなく難しく感じますが、業とは、心のはたきによって為す行いのことを言います。そうしますと、毎日いろいろな業を行っていることになります。その業に悪がつくか善がつくか、判定やいかに。

さて、三世にわたる因果の道理を知らないことが邪見であると、この節では説かれています。過去現在未来というときの変遷のことだけでなく、因と果が三世にわたってついてくるのだということを知らず、「今さえよければよい」という刹那的な生き方をし、自分の欲望のままに生きている生き方を、「三世」を知らない生き方として、それらを邪見と戒めていて教えてくださっているのです。

「今の苦しみに耐えられない」として、人生をあきらめてしまうことも三世を知らない生き方と言えましょう。どんなに苦しいことがあっても、永遠に続くことはありません。楽しいこともそうですが、苦しいことも、一切が蜃気楼のようなものです。特に苦しい時ほど、自分にそう言い聞かせればよいのではないでしょうか。自死の誘惑に負けそうな人も、今逃れてもその先はどうなのだろうか、と考えてみてください。

自分を取りまく一切は蜃気楼のようなものなのだと、いつも念頭におき、実はこの身心さえも蜃気楼のようなものなのですが、身心の自由をめざして、コツコツと生き続けていく。どんなに苦しい状況にあっても、身心に清風を吹かせるのは、あなた自身です。お互い、最期の最期まで人生をあきらめず、「いただいたこの命」の「自分」を生きてまいりましょう。

〔第五節〕

善悪《ぜんなく》の報《ほう》に三時《さんじ》あり、一者順現報受《ひとつにはじゅんげんほうじゅ》、二者順次生受《ふたつにはじゅんじしょうじゅ》、三者順後次受《みつにはじゅんごじじゅ》、これを三時《さんじ》という、仏祖《ぶつそ》の道《どう》を修習《しゅじゅう》するには、其最初《そのさいしょ》より斯三時《このさんじ》の業報《ごっぽう》の理《り》を効《なら》い験《あき》らむるなり、爾《しか》あらざれば多《おお》く錯《あやま》りて邪見《じゃけん》に堕《お》つるなり、但邪見《ただじゃけん》に堕《お》つるのみに非《あら》ず、悪道《あくどう》に堕《お》ちて長時《ちょうじ》の苦《く》を受《う》く。

〔訳〕　善悪の報いには時間的に三段階がある。第一には今生で行ったことの報いを今生で受けること、第二には次の世で受けること、第三にはさらに次の世以後に受けることである。これを三時と言うのである。仏祖の教えを学ぶには、まずこの三時の業と報いについての道理を学び、修行するのである。そうでないと多くの者が、因果応報の道理は無いなどという邪見に堕ちてしまう。ただ邪見に堕ちるだけではなく、悪道に堕ちて長い苦しみを受けることになってしまうのである。

〔第六節〕

当《まさ》に知《し》るべし今生《こんじょう》の我身《わがみ》二《ふた》つ無《な》し、三《み》つ無《な》し、徒《いたず》らに邪見《じゃけん》に堕《お》ちて虚《むなし》く悪業《あくごう》を感得《かんとく》せん、惜《おし》からざらめや、悪《あく》を造《つく》りながら悪《あく》に非《あら》ずと思《おも》い、悪《あく》の報《ほう》あるべからずと邪思《じゃし》惟《ゆい》するに依《よ》りて悪《あく》の報《ほう》を感得《かんとく》せざるには非《あら》ず。

〔訳〕　今生の我が身は二つも三つも無いと、本当に自覚すべきである。因果が無いなどという邪見に堕ちて、悪業の報いを受けてしまうことは惜しくはないだろうか。それこそ惜しいことである。間違った考えを起こし、悪を行いながら悪だと思わない上に、悪の報いなんかあるはずがないなどと思ったとしても、悪の報いを受けないということではない。

〔解説〕
この世で行ったこと（因）によって、その報い（果）の現れる時間的な段階には三段階あり、第一はこの世で、第二はこの世で現れなければ次の世で、第三はそれでも現れなければ、その次の世以降で結果が必ず現れることを、三時業と言います。それは、悪いことばかりではありません。善いこともです。
この世で善いことを行ったとしても、必ずしも生きているうちに報われるとは限りませんが、いつの世にか必ず報われるのです。悪をなした場合も、同じです。

過去から未来へ、一つながりの命

それでは、邪見とはどのような見方を言うのでしょう。道元禅師は、「因果の法則を無いものとすること」、「仏法僧を非難すること」、「三世と解脱など無いと否定すること」。これらを邪見とおっしゃっています。ですから、単に「間違った見解」という訳は間違っています。仏教書では、一般的な訳は当たっていないことがよくありますので、こういうことは気をつけたいところです。

では三時業といい、三世ということは、この今の命が次の世にまた生まれることを言うのでしょうか。輪廻転生があることを意味しているのでしょうか。自分の前世はなんであったかと想像することは、神秘的で楽しいかもしれません。果たして、道元禅師のおっしゃる三時や三世はどのような意味なのでしょう。

過去世から未来世に、このまさにただ今（而今《にこん》）はぶっつづきであること。人間の命のみならず、全てがです。そして、永劫に修行し続けていくことを信じて、今生の修行をし続けていく、而今の修行をし続けていく、来世も修行し続けていこうという信念として受けておきたいと思います。

時々、誰それの生まれ変わりだという人もいますが、前世におけるその人と、全く同じ人間でないことは明白です。ただ、たとえば、私の場合で恐縮ですが、先祖のお坊さんであった人が、修行し続けていきたいと願った願いが私にも届いていると感じます。私もまた修行し続けていきたいと願います。この「願い」は生き続けるでしょう。個人的なことですが、このことには、少し説明が必要かもしれません。簡単に申し上げますと、新潟の本家にお墓参りに行きましたとき、かつて私に出家をすすめてくださったお坊さんと同じ名前の墓石があり、「修行半ばで亡くなった先祖さんだそうだ」と聞かされました。この墓石に出会う前に、矢追日聖法《やおいにっしょうほっ》主様《すさま》（一九一一〜一九九六）という方と会う機会があり、「あんたが出家したのは、先祖さんの願いなんやで」と言われたことがありました。

永遠の過去から永遠の未来にわたる人間という一つながりの命を、私は今、「私」として生きていると受け取ります。

現代人は、科学で証明できることだけを信じる傾向があります。また、理論的に証明できないことを排除し、合理的でないことを是とすることを懼《おそ》れるような傾向が、宗教界にもあります。しかし、どうして科学が万能でありましょうか。どうして理論的に論じられる学問だけが万能でありましょうか。万物は「大いなる何か」に生かされている命ではないでしょうか。

いつか消える人類、地球、太陽

いくら優秀な頭脳といっても、物質である人間の頭脳には、限界があります。

たとえば、科学の粋を集めたような地震・火山噴火予知研究協議会などに列《つら》なる先生たちが、この度の東日本大震災のような大地震を予知できたでしょうか。残念ですが、科学は決して万能ではありません。

しかし、この地震と津波に対して、ある人が「我欲」を洗い落とす必要があると言い、「天罰」とまで発言しましたが、たとえ撤回したとはいえ恐ろしいことを言う人がいるものです。自然は非情です。自然には、被災した人間は可哀想だとか、もしくはやっつけようとかの感情は全くありません。それでもある種の生命体である地球は、常に動き続けていますから、エネルギーがこの度も大きく海の中で動いて、地震が発生してしまったのです。

それでも、この地球自体でさえいつか消滅するものなのです。アインシュタインの相対性理論、$E = mc^2$を使えば、太陽の消滅の時は、54×10^8つまり五十四億年と計算できるそうです。その時、人類も何もかにも、その前に人類は滅亡しているかもしれませんが、消滅するのです。いくら長くても、太陽の消滅までの地球人類です。（すると、永遠とは言い切れませんね。）

私事ですが、ギリシャのロドス島に、一か月くらい滞在したことがありました。その時イギリス人の知人の中に、ミーディアム（霊媒）の女性がいました。彼女がとりついだ中に「このロドスはかつて海に沈みまた隆起してきたが、また海に沈む時、人類は滅亡する」という内容の霊言がありました。全くそのような発想をもたずに生きていた私はとても驚くと同時に、目を覚まさせられたような思いがしました。その後、地球温暖化が問題にされるようになり、実際に沈没する島も出てきています。またたしかに太陽のいろいろな現象、たとえば太陽の爆発現象である太陽フレアなどもありますが、太陽の消滅を待たずしても、地球の高温化現象は天体的現象によっても引き起こされることでしょう。

アインシュタインの計算だけではなく、仏教でも成住壊空という四劫についてすでに説かれているのです。最後は劫火に全て焼き尽くされてしまうことが説かれています。大自然のエネルギー、大宇宙のエネルギーのなせることには、人間の我欲など、太刀打ちできるものではないのです。「天罰」などと、とんでもないことです。このような混乱した考えは、それこそ邪見ということができるでしょう。（ただ、原発事故は、地震のせいではなく、原子力発電所を造ったこと自体による人災だと私は考えます。）

今ある命をひたすらに生きる

さて、因果の法則は必ずありますが、前節の解説に引き続き、別の角度から善悪とはどのようなことか考えてみましょう。人間が繰り広げることの中には、何が善いか悪いかわからないことも多いのではないでしょうか。私の本師の口癖は「何が善いか悪いか、わからんぞ」という言葉でした。その時は、そんな無責任な、と思いましたが、価値判断をすぐにしたがる安直な見方を誡めた教えだったと、今では思い返しています。

でもそれでは、どうしてよいかわからないでしょうから、明らかに悪と言える基準を一つ考えてみると、「自分さえ良ければよい」という考えや、その考えのもとに為す行い（業）、これは悪業と言えるのではないでしょうか。

それにしましても、私にも結構、いろいろな悪心があります。我が心を掌の上に乗せて見てみれば、悪心のほうが善心より多いかもしれません。しかし、有り難いことに仏道に出会って、この悪心に光をあてることができるようになったということが言えます。

誰にでも悪心があるのではないですか。この悪心に光をあてて、悪心のままに生きないよう、行動しないように導いてくれるのが宗教ではないでしょうか。

「自分さえよければよい」という悪心に、宗教の光をあてて、「共に生きていく」力としたいものです。「共に力を合わせて生きていこう」として現れた行為、それを仏性と仏教ではいい、キリスト教では愛というのでしょう。

道元禅師は、この唯一のただ今の命と、而今に行うことの大事なことを、教えてくださっています。それこそ何時なんどき、この世のこの命は終わらなければならないか、本当に誰にも予測できないことです。ひたすらに今ある命を、人間として営々と生き続けていく、助け合って生き続けていく、災難は他人事ではなく、必ずや、明日は我が身に降りかかることです。

世界中にある火山の十パーセント近くが日本に集中しているそうです。火山の爆発もあり、地震もあり、集中豪雨もあり、等々自然災害が頻繁に起こる日本です。

不慮の災害で犠牲になった方々の御冥福を祈り、被災された方々の生活が一日も早く安定しますようにと祈りつつ、それぞれのできる力を出し合いながら、未来を信じて共に歩いていきたいと願うばかりです。

第二章　懺悔滅罪

（第七節〜第十節）

〔第七節〕

仏祖《ぶっそ》憐《あわれ》みの余《あま》り広大《こうだい》の慈門《じもん》を開《ひら》き置《お》けり、是《こ》れ一切衆生《いっさいしゅじょう》を証入《しょうにゅう》せしめんが為《た》めなり、人天《にんでん》誰《たれ》か入《い》らざらん、彼《か》の三時《さんじ》の悪業報《あくごっぽう》必《かなら》ず感《かん》ずべしと雖《いえど》も、懺悔《さんげ》するが如《ごと》きは重《おも》きを転《てん》じて軽受《けいじゅ》せしむ、又滅罪《まためつざい》清浄《しょうじょう》ならしむるなり。

〔訳〕　仏や祖師方は、大いなる憐れみをもって仏道への広大な慈悲の門を開いておいてくださった。これは全ての衆生を目覚めさせて仏道に入らせようとするためである。天上界や人間界の迷いの六道にある者でも、入れない者は誰もいない。前に述べたが、順現報受（現世で報いを受ける）、順次生受（次の世で）、順後次受（さらに次以降の世で）の悪業の報いは必ず受けなくてはならないが、懺悔するならば、重い罰を受けなくてはならない悪業も、軽くすることができるし、また罪を滅して、清浄になることもできるのである。

〔第八節〕

然《しか》あれば誠心《じょうしん》を専《もっぱ》らにして前仏《ぜんぶつ》に懺悔《さんげ》すべし、恁麼《いんも》するとき前仏懺悔《ぜんぶつさんげ》の功徳力《くどくりき》我《われ》を拯《すく》いて清浄《しょうじょう》ならしむ、此功徳《このくどく》能く無礙《むげ》の浄信精進《じょうしんしょうじん》を生長《しょうちょう》せしむるなり、浄信一現《じょうしんいちげん》するとき、自他《じた》同《おな》じく転《てん》ぜらるるなり、其利益《そのりやく》普《あま》ねく情非情《じょうひじょう》に蒙《こう》ぶらしむ。

〔訳〕　そうであるのだから、ひたすらに誠を尽くして、仏の御前《みまえ》に懺悔すべきである。そのようにするならば、仏前での懺悔の功徳力が、私たちを救って清浄にしてくれるのだ。この功徳は、一切こだわりのないまことの信仰と精進する力を育ててくれるのである。ひとたび清らかな信心が現れたなら、自分だけでなく他も救われる。その功徳は人間や動物だけではなく、山川草木にまで及ぼされるのである。

〔解説〕
一人でも多くの人を救わないではいられない、というのが仏の願いですから、門を叩く全ての人に、仏教の門は開かれているのです。親鸞聖人は「善人なおもて往生をとぐ、いわんや悪人をや」とおっしゃいましたが、まさに悪人こそ救いたいのが仏の願いと言えましょう。我は善人と思っていたり、自分の人生を苦と思っていない人は、宗教に救いを求めないかもしれませんね。でももし、あなたが何か苦しいことがあり、こんな自分でも救われるだろうかという思いがあり、また真理を学びたいという思いがあるならば、仏教の門は、誰にでも大らかに開かれています。

まことの懺悔なくしては入れぬ門

ただ、この門を開くには鍵が必要で、それは「懺悔」であると、『修証義』では説かれます。あらためて三時の業を考えてみますと、悪業だけでなく善業も三時にわたって有り難い報いを受けるのですから善を積むことは命の喜びです。一方、悪業も三時にわたって罰を受けるのですから、これは辛く苦しいことです。その苦しみから逃れるためには、懺悔がいかに大事かということです。

懺悔するにしても、普通は人の前では、どこかに真実ならざるポーズを作ってしまうのではありませんか。ですから道元禅師も「仏の前で」と教えてくださっています。ごまかさずにというよりは、仏の前ではごまかせないのだということでしょう。誰にでも開かれている門とはいえ、まことの懺悔でなくては、入ることはできない門と言えましょう。

キリスト教では、カトリックの場合は、司祭様を通して自分の罪を神に懺悔（キリスト教的には「ざんげ」と読みます）し、罪の許しを受けますし、プロテスタントの場合は、直接神に自分の罪を懺悔し、神の許しを受けるのですね。

このような懺悔（仏教的には「さんげ」と読みます）の行が、どうも日本の仏教ではあまり浸透していないと思います。日本人は、「苦しい時の神（仏）頼み」などという言葉もあるように、神仏の前において、懺悔よりも、お願いのほうが多い民族かもしれません。

ここであらためて懺悔の行について考えてみましょう。生きていれば、人間は何かしらの罪を犯すでしょう。生きていること自体が罪だと言った人もいますが、日常の中でも、何かしら反省すべきことはあるでしょう。たとえば「自分さえ良ければよい」という思いは、自らを汚していますし、「自分だけが正しい」という思いも自らを汚します。

自分の行為を振り返ってみれば、悔いあらためたほうがよいことはたしかに山ほどあります。

在家として仏弟子となるために戒を受ける儀式があり、お授戒と言います。その儀式の中に曹洞宗では、懺悔道場という儀式があります。その儀式についた人たちを戒弟と言いますが、それぞれ「小罪無量」と書かれた紙を、授戒会の導師のお役をなさる戒師様にお預かりいただき、それをお焚き上げしていただきます。

このような儀式を通して、自分の反省すべきこと（罪）をお許し願うわけです。自覚している罪ばかりなく、気づいていない罪もあるでしょうが、どうぞお許しを、と願うわけです。誰に許しを願うかと言いますと、仏様にお許しを願うのです。罪と言いますと、いかにも重たい感じがありますが、よほどひどい悪いことでなければ、日々の反省という表現でもよいのではないかと思いますが、反省すべきことは実は山ほど、誰しももっているのではないでしょうか。

仏前で反省しつつ生きていく、という生き方が気持ち良く生きられる生き方とも言えましょう。その反省すべき内容が重い場合ですと、反省という軽い表現では十分ではないでしょう。皆様はいかがでしょうか。詫びつつ生きなくてはならないような重い罪をおもちでしょうか。どうぞ、その重荷を仏様に預けてくださいい。預けましょう。仏様はお預かりくださり、受け止めてくださいますから、心からの懺悔をして、仏弟子として広い大道を歩かせていただこうではありませんか。

悔いなき人生は執着なき心から

私がまだ出家していなかった頃ですが、永平寺のお授戒についたことがあります。戒師様は佐藤泰舜禅師（永平寺七十四世、一八九〇〜一九七五）という方で、そのときはすでに両の目がお見えになっていないということでした。

懺悔道場のときでした。戒弟の一人の婦人が、身を投げ出して号泣なさいました。だいぶ前の話ですので、詳しくは覚えていないのですが、苦しかった人生を思い、その婦人は全てを禅師様にゆだねて号泣されたのだと思います。そのときの禅師様は、この婦人にとっては、仏様も同じだったことでしょう。

この当時、私自身こそ、悔いあらためなくてはならないことは山ほどありましたが、その婦人のように身を投げ出すほどには、懺悔しきれませんでしたので、その姿が印象に残っていました。

『仏説観普賢菩薩行法経』の中に「一切の業障海は、皆妄想より生ず。もし懺悔せんと欲せば、端坐して実相を念ぜよ。（一切の悪業の集まりは、とらわれの心から生じるのである。もし懺悔しようと思うならば、正しい姿勢で静かに坐して真理を思いなさい。）」という文言があります。

ただ悪うございました、と一度は懺悔しても、ここがわかっていないと、また同じ間違いをしてしまうでしょう。「悔いること」はできても「改めること」ができないでしょう。「傷だらけの人生」ならぬ「後悔だらけの人生」だった、と悔やまないようにするには、一切の悪業は執着する心、とらわれの心から生じていたとわかったときに、本当は、そこではじめて本心からの懺悔ができるのではないでしょうか。

道元禅師は、在家出家にかかわらず、坐禅弁道すれば広大な慈門に入れる、とおっしゃっています。とらわれのない身心は、やはり頭で理解しただけでは得難いのではないでしょうか。坐禅をできる人は坐禅をし、できない人の場合は、たとえ短時間でも静かに坐る時間をもちたいものです。そうして、懺悔しつつ生きていけば、いつお迎えが来ても、悪あがきせずにお迎えの雲に乗ることができるのではないでしょうか。そうです、黄泉路行きの雲は、突然に飛来してくるものなのですから。

〔第九節〕

其大旨《そのだいし》は、願《ねが》わくは我《わ》れ設《たと》い過去《かこ》の悪業多《あくごうおお》く重《かさ》なりて障道《しょうどう》の因縁《いんねん》ありとも、仏道《ぶつどう》に因《よ》りて得道《とくどう》せりし諸仏諸祖《しょぶつしょそ》我《われ》を愍《あわれ》みて業累《ごうるい》を解脱《げだつ》せしめ、学道障《がくどうさわ》り無《な》からしめ、其功徳法門普《そのくどくほうもんあま》ねく無尽法界《むじんほっかい》に充満弥綸《じゅうまんみりん》せらん哀《あわれ》みを我《われ》に分布《ぶんぷ》すべし、仏祖《ぶつそ》の往昔《おうしゃく》は吾等《われら》なり、吾等《われら》が当来《とうらい》は仏祖《ぶつそ》ならん。

〔訳〕　懺悔のその大事な趣旨は、私が過去に為した悪業が、たとえ積み重なっていて、仏道を学ぶのに妨げとなるような因縁があっても、仏道に因って悟られた諸仏諸祖師よ、私を愍んで業の累いから解放させてくださり、仏道修行に妨げがないように、仏祖の功徳の法門が全世界にあまねく充ち満ちているように、その慈悲を私にもお分けください。仏祖もかつては私たちと同じであったように、私たちも、将来は仏祖となることだろう。

〔**第十節**〕

我昔所造諸悪業《がしやくしよぞうしよあくごう》、**皆由無始**《かいゆうむし》**貪瞋痴**《とんじんち》、**従身口意**《じゆうしんくい》**之所生**《ししよしよう》、**一切我今皆懺悔**《いつさいがこんかいさんげ》、**是**《かく》の**如**《ごと》く**懺悔**《さんげ》すれば**必**《かなら》ず**仏祖**《ぶつそ》の**冥助**《みようじよ》あるなり、**心念身儀**《しんねんしんぎ》**発露白仏**《ほつろびやくぶつ》すべし、**発露**《ほつろ》の**力**《ちから》**罪根**《ざいこん》をして**銷殞**《しよういん》せしむるなり。

〔**訳**〕 私が昔より造るところの諸々の悪業は、皆な無始の貪瞋痴に由って、身と口と意より生じたものです、私は今一切全てを懺悔いたします。このように懺悔すれば、目には見えないが、仏祖の助けが必ずある。心に念じ、身を整え、全てを隠さず仏に申し上げなさい、犯した罪を全て隠さず懺悔するはたらきによって、罪の根を溶かし、罪を消滅させてくれるのである。

〔**解説**〕

人間は守りたいもののために、悪業（悪い行い）を犯してしまうのではないでしょうか。守りたいもの、それは家族であったり、友であったり、ときに国であったりします。そして守りたい一番は何かと言えば、他ならない「自分自身」「自分に関する事物」ではないでしょうか。自分を守りたいために、人を踏みにじったり、足を引っぱったり、嘘をついてしまったりなどの悪業を、人は意識的にも、無意識的にも、行ってしまうことがあります。

「我昔所造諸悪業、皆由無始貪瞋痴、従身口意之所生、一切我今皆懺悔」は「懺悔文」と言いますが、心からこのような懺悔をすれば、仏菩薩からお許しいただけるというのです。

将来仏祖となる自覚をもとう

人は、時には、自分の命を守らねばならないために、他を傷つけてしまうようなことさえあるのではないでしょうか。また「自分に関する事物」として、守りたい物は、お金であったり、財産であったりします。多く財産を欲しがって、骨肉相争うことになり、娘夫婦に財産の分与を迫られて自殺してしまった知人さえいましたが、この娘夫婦のように、欲に目が眩んだ行いはまぎれもない悪業です。これはわかりやすい事例になるでしょう。それほどのことでないにしても、名誉であったり、地位であったり、恋愛の相手であったり、我が物にしようとして、夢中になりますし、我が物となれば、それを守ろうとして必死になります。

そうして守ろうとして悪業を犯してしまい、心安らかには過ごせないというはめに陥ってしまうことはないでしょうか。この世に唯一、自分に与えられたこの自分を、たしかに守る責任もあり、自分を守る喜びもあります。ただ大事なことは、欲まみれに自分を守ることは、自分自身を守っているようで、実はその逆だということです。

果たして、どこから、誰から、何から、この自分の命は与えられたのでしょうか。自分自身がつくり出した命でないことは、明白です。まずこの視点で、自分を見てみましょう。

道元禅師は、「仏祖もかつては私たちと同じであったように、私たちも将来は仏祖となるだろう」と、おっしゃってくださっています。さらにこの角度から、自分を見てみませんか。この仏様はお釈迦様のことです。お釈迦様も人間としてお生まれになったのです。「将来仏祖になる自分」として自分を見た時に、自分を守ろうとして、執着心を起こしたり、時にお金に目が眩んだりすることは、「将来仏祖になる自分」のすることではないと、明らかにわかるはずです。

かつて「わかっちゃいるけどやめられない」というフレーズの入った歌がありましたが、この歌を知っている人は、私を含めて後期高齢者と言われるようになった世代の人たちでしょうが、お金に目が眩んだり、欲しいものを手に入れたいと執着を起こすことなど、実は、正直、なかなかやめられないものではないでしょうか。ですから、まずこれは将来仏祖になる自分のすることではないという自覚だけでも、まず、もとうではありませんか。

「仏祖になろうという自分」を守るためには、時に現世的には損なことでもしなくてはならないことさえあります。それこそ、そんなことは、できかねます、ということではないでしょうか。「得は迷い、損は悟り」ということを澤木興道老師（一八八〇～一九六五）という禅僧が、おっしゃったそうで、お弟子さんである内山興正老師（一九一二～一九九八）のお話の中でたびたび聞かされていまして、耳にタコができているほどです。

損と得に振り回されている人生だと、ご自分の生き方を思う人は、あらためて「得は迷い、損は悟り」と胸に言い聞かせてみてください。このような見方こそ、自分の命を俯瞰することができるのではないでしょうか。俯瞰することができれば、どちらの方向に行ったらよいかを見定めることができます。

それにしましても、意識しているだけではなく、自分自身覚えていなくても、数々の悪業を、生きている限りし続けてしまうのが、いまだ仏祖になっていない人間と言えましょうか。哀しきかな。しかし、悪業という表現があまりに、ものすごく悪いこと、というニュアンスがあるように感じませんか。

反省したほうがよいこと、くらいに受け取られてもよいのではないでしょうか。

ただ、私には、知人にだいぶひどい目に遭わされてしまった、という経験があります。他人をひどい目に遭わせるようなことは悪業と言えそうです。また、自分も人に騙されてしまったということは、騙させてしまったような迂闊な面があり、それも悪業ではないかと私は思っています。しかし、こういうことは自分には言えても人には言うことはできませんね。「あなたが騙されたのはあなたが悪いのよ」とはとても普通は言えません。どこまでも自己を生きるとしたとき、他のせいにすることはできないと、私は考えているのです。

では、善悪の判定を、お釈迦様はどのようにお説きなのでしょうか。

駒澤大学名誉教授の田上太秀先生の『仏教の真実』の中に、「釈迦は「己にも他にも為になること」が善いことだと説いた。他の為になることだけではなく、己の為になることでなければ善いこととは言えないという。」と書かれていました。なんとか経典の中にこの箇所を見いだしたいと思っていましたところ、友人の曹洞宗総合研究センター専任研究員の古山健一先生に、『パーリ中部』「アンバラッティカ・ラーフラ教誡経」の中に次のような教えがあることを教えていただきました。


しかし、ラーフラよ、もしもそなたが、省察しながら、「私はこの身による行為を行っているが、この私の身による行為は、自分を害することにもなっておらず、他者を害することにもなっておらず、両者を害することにもなっておらず、この身による行為は善のもの、楽を生むもの、楽という結果のあるものとなっている」と、このように知るのであれば、ラーフラよ、そなたはこのような身による行為を、し続けるべきです。

ラーフラよ、そなたが身による行為をし終わった時にも、「私はこの身による行為を行ったが、この私の身による行為は、自分を害することにもなってはいないか、他者を害することにもなってはいないか、両者を害することにもなってはいないか、この身による行為は不善のもの、苦を生むもの、苦という結果のあるものとなってはいないか」と、そなたはまさにその身による行為を省察すべきです。(古山健二訳)

他にも自にも善であること、他にも自にも悪でないか、身による行為だけではなく、口による行為、意による行為についても同様に、省察が大切であることを、お釈迦様は息子であり仏弟子となったラーフラに説き示されています。この教えを、よくよく自らに照らして歩んでいきたいものです。

真の懺悔には仏祖の助けあり

「仏祖の法門の功徳は、全世界にあまねく満ちている」と、道元禅師はおっしゃっています。道元禅師は「功徳」という言葉を、その著『正法眼蔵』の中でも、二百回以上お使いです。功徳という言葉は、「善業(善い行い)によって、神仏から与えられる恵み」、また「よい果報をいただける善業」というような意味があります。功徳にはご利益という訳もありますので、現世的な利益と受け取られそうですが、物質的な利益というよりは精神的な喜びと言ったほうがよいでしょう。心へのいただき物、心へのご褒美と言ってもよいでしょうか。「将来仏祖になる私自身」と、自分を見たときに、為すべきことと為すべきでないことは自ずとわかるはずです。そうして懺悔すべきことを、心から懺悔すれば、救われるという功徳が必ずある、と説いてくださっているのです。

自分なんて、私なんて、と自分を卑下するようなことを言う人がいますが、それこそ懺悔しなくてはならないことです。この任された自分の命を、大事に、それもやがては「仏祖になる自分自身」なのである、という思いをもって、大事に、しっかりと守って生きていくことではないでしょうか。

本当に大事に守るべきことは、物でもなく、名誉でもなく、地位でもなく、やがては仏祖になるこの身心であると気づいたとき、はじめて真の懺悔ができるのではないでしょうか。いかがでしょうか。真の懺悔には、「仏祖の冥助（見えない助け）」が必ずあると道元禅師もおっしゃっています。そう信じて生きていけば、仏祖が慈悲をもって開いてくださっている広大な慈門に入れてもらえて、心豊かな人生を送ることが、必ずできるのです。

皆さん、「やがて仏祖になるこの身」そして「仏祖の冥助」、この言葉を本当に信じていらっしゃいますか。信じましょう。１＋１＝２だけを信じるような、原子力発電所を造っても、その処理の方法を本当には知らない科学を信じるような、目に見える三次元の世界だけを信じるような、そんな狭い見方に縛られるのはやめましょう。科学の世界の全てを否定するわけではありませんが、近代的な合理主義だけで説明できることが、絶対ではないと言いたいのです。「やがて仏祖になるこの身」、そして真の懺悔をするならば必ず「仏祖の冥助」があることを信じる、これが宗教の風光の世界と言ってよいでしょうか。

人間は人間としての真を尽くし、「やがて仏祖になるこの身」を信じ、生かされている自分を生きていきましょう。どうぞ、心豊かな日々でありますように。

第三章　受戒入位（第十一節～第十七節）

〔第十一節〕

次《つぎ》には深《ふか》く仏法僧《ぶっぽうそう》の三宝《さんぼう》を敬《うやま》い奉《たてまつ》るべし、生《しょう》を易《か》え身《み》を易《か》えても三宝《さんぼう》を供養《くよう》し敬《うやま》い奉《たてまつ》らんことを願《ねご》うべし、西天東土《さいてんとうど》仏祖《ぶっそ》正伝《しょうでん》する所《ところ》は恭敬仏法僧《くぎょうぶっぽうそう》なり。

〔訳〕〔前章で、懺悔について説いたが〕次には、仏法僧の三宝を深く敬うべきであることを説こう。生生世世、三宝を大事にし、敬い、真を捧げることを願いなさいよ。インドから中国・日本に真の教えとして伝わってきたことは、仏法僧を心から敬うことなのである。

〔第十二節〕

若《も》し薄福少徳《はくふくしょうとく》の衆生《しゅじょう》は三宝《さんぼう》の名字《みょうじ》猶《な》お聞《き》き奉《たてまつ》らざるなり、何《いか》に況《いわん》や帰依《きえ》し奉《たてまつ》ることを得《え》んや、徒《いたず》らに所逼《しょひつ》を怖《おそ》れて山神鬼神《さんじんきじん》等《とう》に帰依《きえ》し、或《ある》いは外道《げどう》の制多《せいた》に帰依《きえ》すること勿《なか》れ、彼《かれ》は其《その》帰依《きえ》に因《よ》りて衆苦《しゅく》を解脱《げだつ》すること無《な》し、早《はや》く仏法僧《ぶっぽうそう》の三宝《さんぼう》に帰依《きえ》し奉《たてまつ》りて、衆苦《しゅく》を解《げ》脱《だつ》するのみに非《あら》ず菩提《ぼだい》を成就《じょうじゅ》すべし。

〔訳〕 福が薄く徳の少ない人々は、三宝という言葉さえ聞くことができないのだ。ましてや帰依（絶対の信を捧げ、その教えに随うこと）して仏弟子となることなどできようか。山神鬼神に脅かされることを怖れて、山神や鬼神にやたらに帰依したり、仏教以外の霊廟《れいびょう》（制多cetiya）を拝んだりすることをしてはならない。そのようなものにすがっても、四苦八苦から逃れることはできないのだ。早く仏法僧の三宝に帰依して、四苦八苦から解放されるだけでなく、覚りを得なさいよ。

〔**解説**〕

三宝に帰依することが、仏道を歩む者の大事な根本です。基本と言ってもよいでしょう。仏法僧の三宝に帰依することなくして仏教徒とは言えません。仏教徒とは三宝に帰依する者のことを言うのです。仏とは覚った方、お釈迦様のことです。法とは、お釈迦様の御教《みおし》えです。僧とは僧伽《そうぎゃ》のことで、お釈迦様の教えを学び修行する人たちのことを言います。この僧は一人の僧だけを指すのではありません。

帰依の帰は帰投のことで、身も心も投げ出してすがること。依は依伏《えぶく》のことで、少しも私の無いこと、という意味ですから、帰依ということは、無私の心で身も心も投げ出して敬い信じることを意味します。

仏法僧を心から敬うために

三宝に、全身全霊で信じ随う帰依は、やみくもに随うこととは違います。お釈迦様に帰依することは、仏教徒であれば、どなたも当然のように思いますが、法に帰依すること、教えを学ぶことは、日本仏教では足りないように思います。

帰依を一歩間違いますと、とんでもない教えに随ってしまい、殺人さえ犯してしまいますから、世間の人々は、宗教に対して安らぎよりも恐怖心を抱いてしまう事例が幾つもあります。我を捨てて、理屈抜きにこれを信じなさい。信じられないのは我があるからだ、などと言われ、命ぜられるままに他を害するように洗脳されていくのは、まことの帰依ではないのですけれど、真面目で純粋な人ほど騙されやすいのです。自分が純粋で真面目だと思っている人は、お気を付けください。

しっかりと法を学んでいれば、このように間違うことはないのです。仏教は、八万四千の法門などと言われるように、多数の煩悩を制するために、多数の教えがあって、とても難しいように思いますが、怖れることはありません。お釈迦様が一人一人の相手にわかるように、親切を尽くして法を説いてくださったので、沢山の経典もあり、さらに後の仏弟子たちが多くの経典を編輯しましたので、山のように経典がありますが、お釈迦様が説かれた大事なエッセンスを『修証義』から学びましょう。

衆苦とは、つまりお釈迦様は四苦八苦――生老病死の四苦と、愛別離苦《あいべつりく》（愛する者と別れるという苦しみ）、求不得苦《ぐふとくく》（欲しいものを得られない苦しみ）、怨憎会苦《おんぞうえく》（うらみ、憎む人に会う苦しみ）、五蘊盛苦《ごうんじょうく》（色・受・想・行・識の五蘊から生ずる身心の苦悩）――に分析なさいましたが、これらの苦をいかに受け止めて生きていくか。それには「諸行無常（この世の一切は、永遠に存在するのではなく常に変わり続けている）」であることを知ることです。「諸法無我（この世の一切のものは、人間も含めて、永遠に残る実体――この場合は我の意味――は無い。縁によって生じ、縁によって滅していくのである）」であることを知ることです。そして、無常と無我を心底わかったなら、一切の執着から解放されて、「涅槃寂静（一切とらわれのない清らかな悟りの境地）」になることができますよ、という。これが根本です。

しかし、言葉で言うは易く、また、なんだそんな当たり前のことか、と思うかもしれませんね。しかし、しかし、心底、本当に無常と無我がわかるには、身心をもって修行しなければ、本当にわかることは難しいのではないでしょうか。曹洞宗で坐禅をすすめるのは、このためです。頭で理解しても、身心に染みわたりません。でもなかなか坐禅はできないかもしれません。ですから五分でも十分でも静かな時をもって、諸行無常と諸法無我の教えを心に照らしてみてください。

いいや、坐禅をしても諸行無常も諸法無我もわからないでしょう。つくづく身に染みてこの教えをわかるのは、人生において辛く悲しい目に遭ったとき、一番得心するのかもしれません。私たちが、辛く悲しく苦しい目に遭うのは、目覚めるための仏界からの贈り物かもしれませんね。心からなる三帰依は、艱難辛苦の中から自ずと湧き出てくるのではないでしょうか。

道元禅師は『正法眼蔵』「仏道」（道心）巻で、「ねてもさめても、三宝の功徳を、おもひたてまつるべし、ねてもさめても、三宝を、となへたてまつるべし」「眼の前に、やみのきたらんよりのちは、たゆまずはげみて、三帰依、となへたてまつること、中有《ちゅうう》までも、後生《ごしょう》までも、おこたるべからず。かくのごとくして、生生世世をつくして、となへたてまつるべし」と書かれています。

霊の力で苦の解決はできない

ところで、現代も多くの邪教がありますが、それは人間の有史以来あるでしょう。道元禅師の時代にも山神鬼神に帰依してしまっている人がいたので、それは仏教ではない、と道元禅師は警告なさったのです。

だからといって、山神や鬼神の存在を否定することは、別の問題だと私は考えています。目には見えないけれども、山神や鬼神はいるでしょう。山神や鬼神のみならず、目には見えなくても、なんらかの「気」のようなものは、遍満しているとさえ思っています。霊といえばわかりやすいかもしれませんが、私は「気」と言っておきましょう。とにかく見えないものを証明することは難しいのです。

聞いた話ですが、某宗教団体に入っている人がいまして、株をやっていましたが、そこの霊能者の方に今日中に全て売りなさい、と言われすぐに売ったそうです。翌日、株の大暴落があったということで、全財産を失わなくてすんだと言い、ますますこの宗教に夢中です。人知を超えた啓示を受けることのできる人、またそれを伝える「気」は、たしかにあると思います。

しかし、株をやる以上は、得をするのは自分持ちならば、損をするのも自分持ちのことであり、今風に言えば自己責任の分野であり、霊能者に頼るべきことではないと私は思いますし、現世利益を得たから信じるのは、信仰とは言えないでしょう。

お釈迦様の教えと霊能は違います。「気」というよりも霊と言ったほうが、やはり理解しやすいと思いますので、霊能という表現をちょっと使いますが、霊能と、お釈迦様の教えを混同しないことだと思います。混同してしまうので、一方に偏ってしまい、霊的なことを強調したり、一方は、合理的で、目に見えることとしか受け入れられないということになってしまうのではないでしょうか。

明日がわからない不安や、今どうしてよいかわからない不安や、この「気の力」につい頼ってしまう人もいて、それは間違いとは言えませんが、根本的な苦の解決にはならないのです。また諸天善神に祈願祈禱して、現世利益をお願いするのも間違いとは言えませんが、ただ、やはり根本的な苦の解決にはなりません。また、悪い霊がついている、除霊しましょう、と言われて、たとえ除霊ができたとしても、根本的な苦の解決にはなっていないということを明確にしておきたいと思います。

私には霊能者と言われる数人の友人がいますし、私にも経験がありますので、三次元世界だけでない「目にはさやかに見えない気」に、敬虔な気持ちはもっています。

私の胸に響いた「心の声」

ここで、私事ですが、自分の霊的体験について少し書かせてもらいたいと思います。私は若い頃から、一週間くらいの断食は何回かしました。これは健康のためにしたのですが、自己流にしないで一応指導を受けていたしました。また、出家してからは寝食を断じて山越えの行をしたり、十日間ぐらいは誰もいない山奥で断食行をしたり、名古屋から埼玉の東松山にある得度のお師匠様のお寺まで行脚して帰ってきたりしました。愛知県の山奥から、長野県と群馬県の山の中を抜けての行脚でした。時々は旅館に泊まって、お風呂に入ったりもしましたが、主に墓地の中や神社の軒下で寝たりしながらの旅でした。

いわゆる「行」が好きなタイプと言ってよいでしょうか。そのような経験によるのかどうかはわかりませんが、小さな庵で、静かに坐禅をしているときでしたが、突然、胸のあたりから、自分以外の声を聞きました。それが面白い、かつ思いがけない言葉でした。「この日本は聖徳太子様のテリトリーです」という言葉でした。「えっ、エッ……」、これは何事かと驚きました。（第六節にもご紹介しましたが、奈良の大倭紫陽花邑《おおやまとあじさいむら》の創始者である矢追日聖法主様にこのことを話しましたら、「聖徳太子さんとはいつも霊界でお会いしている」ということでした。やはり今でも聖徳太子様のエネルギーは日本をお守りくださっているということでした。）

それ以後もいろいろとありました。胸に聞こえる言葉なので、「心の声」ということにしました。この「心の声」に随って、香港に行ったこともあります。そこでは物質化現象も経験しました。ホテルの部屋が殺風景なので、「花を飾りましょう」という声です。「今頃花屋も開いていないでしょう」と私自身が話すと、「外に出なさい」と言うので、散歩がてら外に出ました。（香港には住んでいたことがありますので、慣れている街でした。）しばらくして「戻りましょう」と言うので、後ろを振り向くと、そこにはきれいな花束が道端に置かれていました。

「それをもって帰りましょう」と言うのです。

なんだか怪しい世界に入り込みそうではありませんか。でも主に指示されたことは、友人たちと遊びに行ったキャンプ場のトイレの掃除だったり、道端に倒れている人の介抱だったり、普通はあまり進んではやらないようなことでした。

また、あの世で苦しんでいる霊を救うようにと指示されて、何霊かの魂鎮めもさせてもらいました。この経験のお陰で、お亡くなりになった人々の御供養がいかに大事か身をもって教えられたと感謝しています。

また、お子さんに恵まれていないあるご家族には、食事療法など体質改善の講義をするようにさえ指示されて、お節介ではないかと私自身は思いましたが、あまり熱心に「心の声」が言いますので、実行させてもらいましたが、このご家庭ではその後お陰様で、素晴らしい子宝に恵まれました。

苦から解放するのは自らの身心

しかし、ある時、ある場所で、私について話していることを「心の声」に伝えられて、その通りであったことがわかったとき、私はこれは大変危ないことだと思いました。私には霊能者として、新宗教を開く考えは全くありませんし、自分の力量の無さ、慈悲の心の足りなさをわかっていますから、このようななんだかわからない「モノ」に振り回されては危ない、と感じました。（新宗教の教祖となる霊能者の方は、ほとんどの方が大変な苦労の人生を送り、そして私心なく人々に尽くす人であると、この頃思っています。）

霊的現象を扱う集まりでは審神《さにわ》という役の人がいて、どのような霊が降りているか、審判（判定）をするようです。そのような指導もなくふれる世界ではないと私自身痛感しました。それで、いろいろと努力しまして、この「心の声」を閉じさせてもらったような次第です。明日何があるかわからなくても、コツコツと修行して生きていく生き方が自分には合っていると、判断したと言ってよいでしょうか。

多くの新宗教では霊能者の方が、信者さんに助言をしたり、導いてくれるようです。そのお陰で救われている人も多いでしょう。それを否定する気はありません。ただ、それだけでは根本的な苦の解決の助けにはなりません。釈尊の教えを学び、修行するのは自分自身です。誰も自分自身の代わりに学び修行することはできません。たとえ、もし万能の「気の力」があったとしても、それはできません。

この自分が自分の人生を歩むように、お釈迦様の教えを学び行じることができるのは、自分自身です。生老病死の苦から、心底自身を解放しうるのは、自分自身の身心にあります。これを教えてくださったのはお釈迦様です。その教えは法です。それを教えに随い修行しているのが仏弟子たちです。この三宝に帰依するところに、真の安らぎ、寂静無為の安楽あり、です。（仏教からいえば我田引水のような表現になりますが、他の宗教には真の安らぎに導いてくれるその宗教の教えがあります。）

一切万物、大地も海も空も、そして人間の目には見えないけれど遍満している「気」、一切に囲まれて、このたった一人の自分が、今此処《ここ》に生かされているのだということを、胸に手を当ててしみじみと感じつつ、仏法僧に帰依して生きていければ有り難いのではなかろうかと思うのです。

〔第十三節〕

其帰依三宝《そのきえさんぼう》とは正《まさ》に浄信《じょうしん》を専《もっぱ》らにして或《ある》いは如来現在世《にょらいげんざいせ》にもあれ、或《ある》いは如来滅後《にょらいめつご》にもあれ、合掌《がっしょう》し低頭《ていず》して口《くち》に唱《とな》えて云《いわ》く、南無帰依仏《なむきえぶつ》、南無帰依法《なむきえほう》、南無帰依僧《なむきえそう》、仏《ほとけ》は是《こ》れ大《だい》師《し》なるが故《ゆえ》に帰依《きえ》す、法《ほう》は良薬《りょうやく》なるが故《ゆえ》に帰依《きえ》す、僧《そう》は勝友《しょうゆう》なるが故《ゆえ》に帰依《きえ》す、仏弟子《ぶつでし》となること必《かなら》ず三帰《さんき》に依《よ》る、何《いず》れの戒《かい》を受《う》くるも必《かなら》ず三帰《さんき》を受《う》けて其後諸戒《そののちしょかい》を受《う》くるなり、然《しか》あれば則《すなわ》ち三帰《さんき》に依《よ》りて得戒《とくかい》あるなり。

〔訳〕〔三宝に帰依することを前に述べたが〕帰依三宝ということは、まさに浄らかな信心をもって、如来がこの世に在るときも、如来がお亡くなりになった後でも、合掌し低頭して「南無帰依仏、南無帰依法、南無帰依僧、仏は偉大なる師なので帰依いたします。法はすぐれた薬なので帰依いたします。僧はすぐれた友なので帰依いたします」と口に唱えて帰依を表すのである。このように仏弟子になるには必ず三帰依による。国や宗派によっても戒には違いがあるが、いずれもまずは三帰戒（三宝に帰依しますという戒）を受けて、それから諸々の戒を受けるのである。そうであるからつまり三帰依したことにより、仏弟子として身に悪を止め善を修する力がそなわるのである。

〔第十四節〕

此《この》帰依《きえ》仏法僧《ぶつぽうそう》の功徳《くどく》、必《かなら》ず感応道交《かんのうどうこう》する時《とき》成就《じょうじゅ》するなり、設《たと》い天上人間地獄鬼畜《てんじょうにんげんじごくきちく》なりと雖《いえど》も、感応道交《かんのうどうこう》すれば必《かなら》ず帰依《きえ》し奉《たてまつ》るなり、已《すで》に帰依《きえ》し奉《たてまつ》るが如《ごと》きは生生《しょうじょう》世世《せせ》在在処処《ざいざいしょしょ》に増長《ぞうちょう》し、必《かなら》ず積功累徳《しゃくくるいとく》し、阿耨多羅三藐三菩提《あのくたらさんみゃくさんぼだい》を成就《じょうじゅ》するなり、知《し》るべし三帰《さんき》の功徳《くどく》其《そ》れ最尊最上甚深不可《さいそんさいじょうじんじんふか》思議《しぎ》なりということ、世尊《せそん》已《すで》に証明《しょうみょう》しましします、衆生《しゅじょう》当《まさ》に信受《しんじゅ》すべし、

〔訳〕このように仏法僧に帰依する功徳は、仏心と心が通じ合うとき必ず現れるのである。

たとえ天上・人間・地獄・畜生界などの、どこにあっても、深く仏心と出会えば、帰依することができるのである。そうして心から帰依したからには、いつであってもどこにあっても、帰依した心が育ち、必ず功徳が積み重なり、覚りを成し遂げるのである。心から知るべきことだが、三帰依の功徳は、最も尊くこの上ないまことに不可思議なものであるということを、釈尊はすでに証明しているのである。皆、疑いなくこの功徳を信じて受けなさいよ。

〔解説〕

仏法僧の三宝に帰依することが、何よりも大事と言いますが、心に思うだけでは駄目なのです。悪い行いだけではなく、善い行いも全て身口意の業《ごう》（行為）とそのはたらきから生じています。この三帰依も合掌低頭することは身業、唱えることは口業、浄信は意業の三業で表すことによって、はじめて「三帰依をした」と言えるのです。他を大切にしましょう、と心に思っただけでは十分ではないように、その心を表さなくては十分な帰依とは言えないのです。

三宝に帰依すれば無上の覚りあり

仏教徒としてのはじめの一歩であり、仏弟子としての証《あかし》であるこの帰依三宝のお唱えさえ、意外になされていないのではないでしょうか。きちんと合掌し、頭をさげて、声に出して唱えてみましょう。「南無帰依仏、南無帰依法、南無帰依僧」と。それからまたこの解説をお読みください。

「南無」とは、仏・菩薩に向かって、信じます、随います、「帰依」も心の拠り所として信じます、という意味なのですから、目で読んだだけでは十分ではないでしょう。「南無」の声は自らの口から出ますが、その言霊は自らの耳から入って、全身全霊を満たしてくれるほどのものです。意味は違いますが、キリスト教の「アーメン」に近いのではないでしょうか。アーメンは、「本当に」「まことにそうです」という意味のヘブライ語だそうです。

しかし、何ゆえに「仏に帰依したてまつる、法に帰依したてまつる、僧に帰依したてまつる」のでしょうか。「仏は大師なるがゆえ」に帰依するのです。お釈迦様の教えによって、お釈迦様がこの世にあるときも、またその後も、多くの苦しむ人たちが救われているという事実があります。また「法は良薬なるがゆえ」に帰依するのです。その教えは、良薬のように多くの人の心の苦しみを救ってきました。「僧は勝友なるがゆえ」に帰依するのです。競馬に誘ったり、パチンコに誘ったりする友ではありません。僧こそ道を示し、自分を見つめることを教えてくれる友だから帰依するのです。僧とは前にも書きましたが、僧伽のことで、一人のお坊さんのことではなく、別の言葉で言えば和合衆のことで、教えに随い修行している僧たちのことです。

「必ず積功累徳し、阿耨多羅三藐三菩提を成就するなり」の箇所を考えてみましょう。ここは「必ず功徳が積み重なり、覚りを成し遂げるのである」と訳しておきましたが、ぜひこの阿耨多羅三藐三菩提の意味を、仏教徒である皆さんにあらためて知っていただきたいと思います。

すでにご存じの方もいらっしゃるでしょうが、私自身は、出家するまでは、いつも『観音経』（『法華経』観世音菩薩普門品）の最後の、「ホツアーノクタラサンミャクサンボダイシーン」てなんだろうか、と思っていました。「アーノクタラサンミャクサンボダイ」――これはサンスクリット語を漢語に音写した言葉です。阿耨多羅は無上、三藐は正とか等、三菩提は正覚の意味だそうです。ですから無上正等正覚、この上ない正しい目覚め、完全な覚りということになります。シーンとは言うまでもなく心です。

心とは、人間としてもっている精神作用とでも言ったらよいでしょうか。わかっているようですが、いざ訳そうとしますと一概に説明しきれない多くの意味をもつ言葉が心ではないでしょうか。それはとりもなおさず、無限の心の有り様があるからと言えましょう。見えない意識ですから、自由自在な有り様が心にはあります。この心に迷わされたり、導かれたりして人間は生きています。

ホツは「発」という字が示すように「おこす」の意味で、『観音経』の最後は、「〈仏がこの普門品をお説きになられた時、八万四千の人々は皆〕この上ない正しい目覚めに向かう心をおこしたのです」と訳すことができます。

元に戻りますが、道元禅師は、帰依仏法僧の功徳が積み重なれば、必ず無上の覚りを得られると、断言なさってくださっています。身をもって帰依を表し、口にも帰依を表し、意にも帰依を深めて、生生世世三宝に帰依していけば必ず無上の覚りあり、です。道元禅師の言葉を信じて、三宝に帰依して生きてまいりましょう。

浄信とは自他が一つと信じること

『大方等大集経《だいほうどうだいじっきょう》』というお経の中には、過去世のときに出家したにもかかわらず、いろいろの悪業を犯したので飢えた龍になってしまったという二十六億もの龍が、お釈迦様に救いを求めてやってきた、という話が書かれています。この上もない苦しみを受けているので、お救いくださいと龍たちは訴えました。それに対してお釈迦様は、「みな三帰依を受けて、一心に善に努めなさい」とおっしゃいました。そうして龍たちは救われたという話があることを、道元禅師は『正法眼蔵』「帰依仏法僧宝」巻に引用なさり、「世尊已に証明しましょうします」とおっしゃっているのです。

さて、ここであたらめて帰依三宝について、「みな三帰依を受けて、一心に善に努めなさい」の言葉から学び直さなくてはと思います。お釈迦様は二十九歳のときに善なるものを求めて出家なさった(「我年二十九、出家求善道」『長阿含経《じょうあごんきょう》』)という言葉があります。三帰依は単にお唱えするだけのことではなく、三帰依を受けて、一心に善を行うことが具体的な指針です。

日々新たな三帰依と日々新たな善行を。これをセットで自らの信仰心を育てたいと反省しています。頭で考えているだけでは心は育ちません。身の行為を伴って心は育つと言えましょう。しかし、少々懐疑的な私にとって、「浄らか」とか「いい人」とか言われると、それって偽善じゃないか、などと疑ってしまうわけです。この解説を書くにあたって「浄信」について、あらためて考えてみました。何か自分にとって良いことがあると、「仏菩薩のお陰」と思いますが、それではひどい目に遭ったときには、仏菩薩から見放されているのでしょうか。三帰依を唱えていた人には功徳が必ずあると説かれているのに、津波に遭って流されてしまった人たちには功徳がないのでしょうか。自分に都合が良いことにだけ「仏菩薩の守り」があるということは言えないでしょう。

この度の東日本大震災の話ですが、自分の孫が無事に逃げられそうとわかった祖母は、「バンザイ、バンザイ、生きるんだよ」と、叫びつつ自らは津波に呑まれていってしまったそうです。また、南三陸町の防災無線で「津波が襲来しています。早く高台に逃げてください」と、叫び続け殉職した女性の話は忘れられません。また、一人でも多くの人を避難させたいと、必死で叫び続けて、自らは流されていってしまった消防団の方々もいます。

この方々の叫びこそ、浄信からの叫びと言えるのではないかと思います。この方々のことを思い浮かべたとき、浄信を教えられたと思いました。

願わくは、私たちの唱える三帰依と善行の功徳が、津波に流されてしまった方々のご供養に回向されますことを。仏心に感応道交できるほどの浄信をもって唱え行いたいと、自らに願うのであります。

南無帰依仏　南無帰依法　南無帰依僧

〔第十五節〕

次《つぎ》には応《まさ》に三聚浄戒《さんじゅじょうかい》を受《う》け奉《たてまつ》るべし、第一摂律儀戒《だいいちしょうりつぎかい》、第二摂善法戒《だいにしょうぜんぼうかい》、第三摂衆生戒《だいさんしょうしゅじょうかい》なり、次《つぎ》には応《まさ》に十重禁戒《じゅうじゅうきんかい》を受《う》け奉《たてまつ》るべし、第一不殺生戒《だいいちふせっしょうかい》、第二不偸盗戒《だいにふちゅうとうかい》、第三不邪婬戒《だいさんふじゃいんかい》、第四《だいし》不妄語戒《ふもうごかい》、第五不酤酒戒《だいごふこしゅかい》、第六不説過戒《だいろくふせつかかい》、第七不自讃毀他戒《だいしちふじさんきたかい》、第八不慳法財戒《だいはちふけんぼうざいかい》、第九不瞋《だいくふしん》恚戒《いかい》、第十不謗三宝戒《だいじゅうふほうさんぼうかい》なり、上来三帰《じょうらいさんき》、三聚浄戒《さんじゅじょうかい》、十重禁戒《じゅうじゅうきんかい》、是《こ》れ諸仏《しょぶつ》の受持《じゅじ》したまう所《ところ》なり。

〔訳〕次には、三種にまとめた真心からの戒を、ぜひとも受けるべきである。第一は全て悪いことを真心からしてはならない戒、第二は全て良いことを真心からしなさいという戒、第三は生きとし生けるもの一切を救うためになるようなことを、真心からしなさいという戒である。次には重要な十種のしてはならない戒を受けるべきである。第一はものの命を取らないという戒、第二は他人のものを盗《と》らないという戒、第三は邪《よこしま》な男女の交わりはしないという戒、第四は嘘は言わないという戒、第五はお酒を買わないという戒（迷いのお酒に溺れないという戒）、第六は他人の過ちをせめたてないという戒、第七は自分の自慢をしたり他人の劣っていることを言わないという戒、第八は法も財も施すのに惜しまないという戒、第九は瞋《いか》りを起こさないという戒、第十は三宝を謗《そし》らないという戒である。以上のように仏法僧への帰依、三種の真心からの戒、十種の大事な戒、これらは諸仏が守り続けてきた戒なのである。

〔第十六節〕

受戒《じゅかい》するが如《ごと》きは、三世《さんぜ》の諸仏《しょぶつ》の所証《しょしょう》なる阿耨多羅三藐三菩提《あのくたらさんみゃくさんぼだい》金剛不壊《こんごうふえ》の仏果《ぶつか》を証《しょう》するなり、誰《たれ》の智人《ちにん》か欣求《ごんぐ》せざらん、世尊《せそん》明《あき》らかに一切衆生《いっさいしゅじょう》の為《ため》に示《しめ》しまします、衆生仏戒《しゅじょうぶっかい》を受《う》くれば、即《すなわ》ち諸仏《しょぶつ》の位《くらい》に入《い》る、位大覚《くらいだいがく》に同《おなじ》うし已《おわ》る、真《まこと》に是《こ》れ諸仏《しょぶつ》の子《みこ》なりと。

〔**訳**〕戒を受けるということは、三世の諸仏が修行して証明してきた無上の覚り、金剛のように強い仏の覚りそのものをあかしていくことなのである。真の智慧のある者ならこれを求めないことがあろうか。世尊がはっきりと全ての生きとし生けるもののために、次のように約束されたのである。つまり仏の戒を受けた一切衆生は、とりもなおさず諸仏の位に入ったのであり、覚った人と同じとなるのだ。仏戒を受けた全ての人は、諸仏の御子《みこ》なのである。

〔**解説**〕

第三章は受戒入位と題されていますが、まさにこの節はこの題を具体的に示している箇所です。戒を受けて仏の位に入る、ということはどのようなことか考えてみましょう。仏教徒であれば、仏の位に入れるということは、どんなにか素晴らしいことかと思うでしょう。中には、仏になると好きなことができなさそうだから、嫌だという人もいるかもしれませんね。しかし、そんな心配はいらないでしょう。やはりそう簡単には仏にはなれませんので、心配ご無用というところです。

戒は信心からの自発的行為

でも仏教では、全ての人は必ず仏になれると言いますし、また全ての人は仏なのだ、とも言います。よく「そのままでよい」というようなことを聞きますが、この言葉は、誤解を招いているのではないかと、私は考えます。やはりそのままでは「仏」とも言えませんし、「よい」とも言えないでしょう。

もちろん、「私」という今生で与えられたこの「私」が他の人になることはできません。「薔薇の木に薔薇の花咲く何事の不思議なけれど」と北原白秋は詠いましたが、同じことだと思います。そのような意味ならば私は私でよいということになります。「このままの私」という存在が、まず、仏法僧に対して帰依の心をおこします。ここから全てがはじまります。実はこれが全てと言えましょう。三帰依の信心さえおこすことができれば、今回学ぶ三聚浄戒（三種の真心からの戒）も十重禁戒（重要な十種のしてはならない戒）も、自ずと守ることができるはずなのです。

お釈迦様の「七仏通誡偈」と言われる教えも、漢訳では「諸悪莫作、衆善奉行、自浄其意、是諸仏教」と訳され、「諸々の悪は作す莫れ、諸々の善を行いなさい、自ら其の意を浄らかにしなさい、是れが諸仏の教えです」というように命令的な解釈になりますが、もともとの意味は「いかなる悪も行なわず　もっぱら善を完成し／自己の心を浄くする　これが諸仏の教えなり」（『ダンマパダ』一八三。片山一良訳）と訳されているように、命令ではありません。

三聚浄戒もまた、真の三帰依の信心をおこせば、全て悪いことを真心からしてはならないというよりは、悪いことは自ずとできないということになるし、全て良いことを真心からしなさいというよりは、自ずからするのであるし、生きとし生けるもの一切を救うためになるようなことを、真心からしなさいというよりは、自ずからいたしますという戒なのであると言えましょう。他から規制されることではなく、自発的な信心からの自然な行為なのだということができます。

仏教徒として生きるための灯り

十重禁戒も同じです。外からしてはならないと規制されなくとも、真の三帰依の信心が身につけば、してはならないことは自ずからできないのです。またすべきことは自ずからするのです。ものの命を取ることはできませんし、他人のものは盗る気も起きませんし、みだらな男女の交わりはしませんし、嘘は言いませんし、お酒に溺れるように迷うようなことはしませんし、他人の過ちを責めませんし、自己自慢もしませんし、他を卑下するようなこともしませんし、必要とあらば、教えも財宝も惜しみなく差し出しますし、決して腹を立てませんし、仏法僧を誇るなど思いもよりません。戒はいましめでも禁止事項でもないと言えましょう。

当然すぎる御教《みおし》えなのですが、よくよく自分を反省してみれば、正直言いましてこの簡単なことの一つでも、絶対に守り切ることができていません。私には真実の三帰依の信心が足りないと言えましょう。

この一戒でも守り切ることができれば、その姿が、真の三帰依の信心の姿と言えるのではないでしょうか。皆さん、どれか一つ、自分はこの戒こそ守ろうと、決めてみませんか。

私は、第九の瞋らない、ということに注意したいと思います。ヒステリーほどではないにしても、多少怒りっぽいところがあります。出家者である私が、そのようなことで恥ずかしいことですが、自分自身を冷静に反省しますと、この戒を守ることに気を付けたいと思うのです。さて、皆さんは、どの戒をお選びになりますか。厳しい僧侶の方は、一戒などとんでもない、十戒全てです、と叱られそうですが。一戒を守ることは十戒に通ず、と私は思っております。「衆生仏戒を受くれば、即ち諸仏の位に入る、位大覚に同うし已る、真に是れ諸仏の子《みこ》なり」と。ここの偈文を聞きますと、実に有り難い気持ちになります。この偈文はもともと『梵網経』というお経の中にありますが、道元禅師もこの通りとお考えになってご自分もそのままお使いになり、それを『修証義』でも受け継いでいるのです。衆生は仏戒を受ければ、諸仏が修行の結果得られた仏の阿耨多羅三藐三菩提を証明していくことだと言います。仏戒を受けただけで、そうたやすく仏の覚りを証明できるわけではありませんが、守りますという覚悟を示したとき仏の覚りを知ることができ、生きていく光を示していただいたことであり、修行に励むようにという励ましを受けたのだと受け取らせてもらいたいと、修行未熟なる仏弟子である私は思っているのです。しかし、このような考えは、自覚をいつも気にしている理屈っぽい私の考えるところであり、実のところは、自覚しようがしまいが、仏戒を受けさえすれば、お前はすでに仏界にいるのだ、諸仏の御子なのだよ、と諭されているのでありましょう。

でも、やはり、今の私にはそのように皆さんに解説できる境涯にいませんので、仏の教えを学んでいく者にとっての励ましと受け取らせていただきたいと思います。三聚浄戒も十重禁戒もことあるごとに心して修行していく者への励ましであり指針であると受け取らせてもらいたいと思っています。その修行の姿が、真実三帰依をあらわし続けていく姿であると言わせてください。

戒とは、私たちを縛る規則ではなく、仏教徒として生きていくための灯りなのですから、戒に見守られつつ、ときに暴走しそうな身を守ってもらいつつ歩んでいきたいと思います。

お酒はお清め程度のたしなみ

酤酒戒について少し言及してみたいと思います。この酤という字ですが、買うという意味もあり売るという意味もあります。お酒を買わない戒、売らない戒というのが直訳になります。また不飲酒戒とも言いますが、このほうがわかりやすいかもしれません。お酒を飲まない戒となります。台湾や韓国のお坊さんはもちろんのこと、在家信者の方々も、この戒がありますので、原則としてお酒は飲まないそうです。それに比べまして、日本では在家の信者さんは言わずもがな、多くのお坊さんたちもお酒を飲みます。飲むというだけでなく好きな方も多いと言えましょう。間違いなくこの戒を犯していることになります。

私の本師もお酒をお好きな方でしたが、この戒の解釈として、「迷いの酒に酔いませんという戒じゃ」とおっしゃっていました。私は、これはあまりにご自分に都合の良い解釈じゃないですか、などと弟子の分際で辛口をきいていました。

しかし、私は、日本人にとってこの戒は不用ではないかとさえこの頃思っています。と言いますのは、日本人というより日本民族という表現のほうがこの場合よいかもしれませんが、日本民族にとってお酒は、古来神聖なものでした。酒造りが巫女の仕事であった時代もあるのです。

　また「僧坊酒」といって、平安時代から江戸時代まで、大寺院では日本酒が醸造されていたのだそうです。寺院ではお酒のことを「般若湯」などと表現していますし、お酒は百薬の長などとも言われますが、薬として健康のためにほどよく飲むのならよいとして、「般若湯」という名をつけたのかもしれません。しかし、特に禅門では、「不許葷酒入山門」（くんしゅさんもんにいるをゆるさず）と彫られた石が門前に立っていまして、お酒を飲むことは厳しく戒められているはずですので、矛盾していますね。因みに葷はニンニクなどのにおいのする菜のことで、韓国のお寺を訪問しますと、おいしいキムチを御馳走になりますが、お寺のキムチにはニンニクなどは入っていません。日本のお寺では、このこともあまり厳しく禁止はされていません。

　本師はやはり、「迷いの教えや怪しい教えが入ることを禁じたのじゃ」とおっしゃっていましたが、それはそのような解釈もあるだろうと思います。

　いずれにしましても、現に日本では在家の信者さんたちもお酒を飲むことが仏教信者ならば戒で禁止されているといっても、飲むでしょうし、お坊さんも飲んでは戒に反すると言っても飲まない僧侶は少ないでしょう。だとしたら、この戒は有名無実な戒であり、多くの仏教徒が犯している戒なのですから、この戒は不用にしたほうがよいのではないかと、私は思うのですが、大変不遜な私の意見、お許しを。この戒があるからこの程度ですんでいるというお考えもあるでしょう。
どうぞ仏教徒の皆々様、お酒は健康を害さないよう、お清め程度になさってくださいますよう。

〔第十七節〕

諸仏《しょぶつ》の常《つね》に此中《このなか》に住持《じゅうじ》たる、各各《かくかく》の方面《ほうめん》に知覚《ちかく》を遺《のこ》さず、群生《ぐんじょう》の長《とこし》えに此中《このなか》に使用《しよう》する、各各《かくかく》の知覚《ちかく》に方面露《ほうめんあらわ》れず、是時十方法界《このときじっぽうほっかい》の土地草木牆壁瓦礫皆仏事《とちそうもくしょうへきがりやくみなぶつじ》を作《な》すを以《もつ》て、其起《そのおこ》す所《ところ》の風水《ふうすい》の利益《りやく》に預《あずか》る輩《ともがら》、皆甚妙不可思議《みなじんみょうふかしぎ》の仏化《ぶつけ》に冥資《みょうし》せられて親《ちか》き悟《さとり》を顕《あら》わす、是《これ》を無《む》為《い》の功徳《くどく》とす、是《これ》を無作《むさ》の功徳《くどく》とす、是《こ》れ発菩提心《ほつぼだいしん》なり。

〔訳〕〔仏戒を受けた後は〕諸仏が、常に戒を保って仏道修行しているこの身と一つであるので、もろもろの行動の対象に執着をしないし、永遠に戒を保って仏道修行し続けていく衆生のこの身は、もろもろのことに心をくばるが、それに執着せずとどこおることがないのである。このように戒を保って執着のない生き方をしたときに、法界すべての土地、草木、牆壁（垣根や壁）や瓦礫（瓦や石ころ）までも、一切全てが、仏の命の中にあると受け取ることができ、自然のはたらきである風や水の恩恵を受ける生きとし生けるものは、皆まことに素晴らしい計り知れない不思議な仏のはたらきに、気が付かなくてもたすけられていて、知らず悟りを顕すのである。

これをはからいの無い功徳とするのであり、これを自分で得ようとはからうことのない功徳とするのである。これが菩提心を発すということなのである。

〔**解説**〕

菩提心は、仏教を学ぶ者にとって、最も大事な言葉でしょう。菩提は、ボーディ（bodhi）というサンスクリット語の音写語で、「仏の覚り」とか「道」という意味です。心には、受（感覚作用）・想（表象作用）・行（意志作用）・識（認識作用）という表現もありますが、ますますわからないので、この場合は、人間の精神作用というような意味にあてておきます。

菩提心は「覚りを求める心」という意味であり、大乗仏教では、ただ覚りを求める心だけではなく、覚りを求めて世の人を救おうとする心と解釈されているのです。求道者になくてはならない心でしょう。仏道を学ぶ者、信じる者にとって、菩提心を発《おこ》すことは、初めの一歩です。

戒は覚りに導く具体的な指標

この発菩提心ははからいのない功徳であると、書かれています。

自分でどうこうしようとすることではなく、ただひたすらに戒を守ろうと仏道修行していけば、自ずと道のほうから覚りに導いてくれるのであるということですから、覚ろう、覚ろうとはからう必要はないということでしょう。戒を保って執着のない生き方をしたときに、一切のはからいを超えた、まことの功徳は現れるのであり、功徳を得ようと思わなくても、自然とはからいのない功徳がついてくるのであるというのです。

そうなのか、それは良いことだ、と、一瞬思いますが、しかし、戒を保つのは、十ある戒のうちでも、その一つを守ることさえなかなか完璧にできかねるのが凡夫である我ら衆生ですね。しかし、衆生と仏は一つであることを生仏一如と言いますが、我は仏なりと自覚して生きていく上で具体的な指標は、戒を保とうと生きていくことでしょう。

しかし、一つ一つの戒を保とうとしなくても、我は仏なり、と自覚さえすれば、実は自然に戒は保たれるのではないでしょうか。

ですから、発菩提心の生き方として、もう一つ具体的な指針として、自分の行動に対して

「これ、仏の道だろうか」と問いかけつつ、生きていくことを提案したいのです。「仏の道」という表現は、曖昧なようですが、この言葉を指針として行動をしたとき、自ずと戒は保たれているはずです。本師は「天地の命」から考え直していく、とおっしゃいました。そうすれば戒法は一番、本来の自然の姿になったときだ、と表現されていました。とにかく戒は私たちを縛るための決まりではないのです。

さて、「仏の道」に反することとして、一つ具体的な例をあげて、考えてみましょうか。最近、耳にした話ですが、子ども時代に母親に虐待されたと思っている人がいて、この人が長じて、母親に暴力をふるうのだそうです。このような行為が仏の道に反していることは、誰にでもおわかりいただけるのではないでしょうか。

自分だけが正しいと思い、自分だけが被害者だと思い込んでいるのは残念です。母親に子ども時代の仕返しだとばかりに暴力をふるうような人間は、あえて私は言いますが、生きていながらすでに地獄に堕ちていると言えるのではないでしょうか。嘘をついたり、悪いことをすると地獄に堕ちるよ、と、私の子どもの頃は親に言われたものです。

自分はいけないことをしているのだと、本人が自覚していれば、仏の道に反していると気がつくチャンスは、早くにあるでしょうが、自分のしていることは正しいと思い込んでいる場合は、仏の道に目覚めることは、なかなか難しいでしょう。しかし、この人は、母親に乱暴をふるっているでしょうが、実は自らの仏の慧命を傷つけているのです。

この命は、自分のものと思っているかもしれませんが、自分のものなど一つもこの世にありません。全ていただきものです。それが証拠に一人として死なない人はいないではありませんか。仏の慧命をいただいて生きているのです。

我は仏と目覚め、仏として歩む

ところで、この頃、「地獄に堕ちる」などと表現することを、人々は恐れすぎてはいないでしょうか。幼い子を虐待し、餓死までさせ、友人をいじめて自殺に追い込むなどということを平気でさせたり、することは、絶対にしてはならないことで、以前ならば「地獄行き」だといわれたことでしょう。してはならないことをきちんと教えず、人間を甘やかせて、肝心なことに蓋をしすぎてはいないでしょうか。

最近、地獄漫画というジャンルがあるそうですね。たとえば嘘をつくと地獄に堕ちる、と地獄絵図が描かれているそうです。それを見た子どもたちは、嘘はつかないようにしようと思うそうです。恐怖を起こさせて悪い行動をやめさせようという手段が、良いか悪いか一概には評価できませんが、人間として絶対にしてはならないことを教えることは必要でしょう。それも大人になってからでは遅すぎます。純粋な子どもの頃から、教え込まなくては身に付きません。

第十七節は、「受戒入位」という第三章の最後の節ですが、第三章では、戒を受けて、仏の位に入ることが説かれています。戒を受けた以上は、戒は守られるものであり、戒を守ろうと生きていくことを約束したのであり、自ずと仏の位に入れるというのです。

そこには仏の覚りの世界が開けているのです。これが覚りと自覚するものでもなく、眠っているときに眠っていると意識しないように、覚りと意識しなくても覚りが顕れていると言えましょうか。

とにかく、他の人に迷惑のかからないことであれば、何事にも執着をしないで、自己のためだけでなく他のためになることを心がけて、黙々と自らの務めを果たして生きていく、というのが何より大事な具体的な指針と言えましょう。執着こそ、あなたを、私を、苦しめるもとです。

もし悩み苦しんでいる時、執着していないか、執着していないかと、そう自らに問いかけ問いかけしてみれば、苦しみから逃れることができるかもしれません。

とにかく一度の人生、苦しみから自分を解放したいではありませんか。

清々しい自分の人生を生きるために、仏戒を受けて、我は仏なりと目覚めて、仏として歩んでいく。自らをみがき耕していくところにこそ、生きてきた意味、生きていく意味があると言えるのではないでしょうか。

自分のしていることは、「仏の道」かどうか自問自答しつつ、楽しく命を生かされていきましょう。たった一度の命です。たった一度の人生です。悪人の真似をして悪事をなせば悪人です。善人の真似をして善事をなせば善人です。仏の真似をして仏の道を生きれば仏です。

第四章　発願利生

（第十八節～第二十五節）

〔第十八節〕

菩提心《ぼだいしん》を発《おこ》すというは、己《おの》れ未《いま》だ度《わた》らざる前《さき》に一切衆生《いっさいしゅじょう》を度《わた》さんと発願《ほつがん》し営《いとな》むなり、設《たと》い在家《ざいけ》にもあれ、設《たと》い出家《しゅつけ》にもあれ、或《あるい》は天上《てんじょう》にもあれ、或《あるい》は人間《にんげん》にもあれ、苦《く》にありというとも楽《らく》にありというとも、早《はや》く自未得度先度他《じみとくどせんどた》の心《こころ》を発《おこ》すべし。

〔訳〕覚りを求める心をおこすということは、自分が彼岸（覚り）に渡っていなくても、生きとし生ける全てのものを彼岸に渡そうという願いをおこし、それを実行することである。たとえ在家であっても、出家者であっても、天上界にいようが、人間界にいようが、苦しいときにも楽しいときにも、とにかく自らは彼岸にいなくても、まず他を彼岸に渡そうという願いをおこしなさい。

〔第十九節〕

其形陋《そのかたちいや》しというとも、此心《このこころ》を発《おこ》せば、已《すで》に一切衆生《いっさいしゅじょう》の導師《どうし》なり、設《たと》い七歳《しちさい》の女流《にょりゅう》なりとも即《すなわ》ち四衆《ししゅ》の導師《どうし》なり、衆生《しゅじょう》の慈父《じふ》なり、男女《なんにょ》を論《ろん》ずること勿《なか》れ、此《こ》れ仏道極妙《ぶつどうごくみょう》の法則《ほうそく》なり。

〔訳〕その姿が立派でなくとも、菩提心をおこしさえすれば、それですでに生きとし生ける一切のものの導師である。わずか七歳のような年端もいかない女の子であっても、四衆（尼僧、男僧、男の信者、女の信者）の導師であるし、人々の慈悲深い父親のようなものである。男だとか女だとか、一切関係はない。これこそ仏教における非常に素晴らしい決め事なのである。

〔第二十節〕

若《も》し菩提心《ぼだいしん》を発《おこ》して後《のち》、六趣四生《ろくしゅししょう》に輪転《りんでん》すと雖《いえど》も、其輪転《そのりんでん》の因縁《いんねん》皆《みな》菩提《ぼだい》の行願《ぎょうがん》となるなり、然《しか》あれば従来《じゅうらい》の光陰《こういん》は設《たと》い空《むな》しく過《す》ごすというとも、今生《こんじょう》の未《いま》だ過《す》ぎざる際《あい》だに急《いそ》ぎて発願《ほつがん》すべし、設《たと》い仏《ほとけ》に成《な》るべき功徳熟《くどくじゅく》して円満《えんまん》すべしというとも、尚《な》お廻《めぐ》らして衆生《しゅじょう》の成仏得道《じょうぶつとくどう》に回向《えこう》するなり、或《あるい》は無量劫行《むりょうごうおこな》いて衆生《しゅじょう》を先《さき》に度《わた》して自《みずか》らは終《つい》に仏《ほとけ》に成《な》らず、但《ただ》し衆生《しゅじょう》を度《わた》し衆生《しゅじょう》を利益《りやく》するもあり。

〔訳〕もしひとたび菩提心をおこしたからには、地獄、餓鬼、畜生、修羅、人間、天上の六道や、卵生、胎生、湿生、化生の四生を輪廻するとしても、その生、その生の縁で、覚りを得ようとする修行となるのである。そうであるから、今までは菩提のことも考えず、生きてきたとしても、今生が終わってしまわないうちに、急いで菩提心をおこしなさい。たとえ仏になる功徳が熟して仏になれるとしても、生きとし生ける全てのものが、成仏し覚るために彼岸に渡して自らの功徳を振り向けなさい。また生きとし生けるもの全てを先に目覚めさせようとし、無限のときを修行してもついに自らは成仏しなくても、それでも生きとし生けるものに菩提心をおこさせ、成仏させようとつとめなさい。

〔解説〕

まずこの章の題である「発願利生」の利生とは、衆生を利する、ということです。ですから「発願利生」とは、他を利益しようという願《がん》をおこすことということになります。しかし、自分がまだ覚っていないのに、どうして他の人を覚りに導くことができるのでしょうか。疑い深い私には、どうもこれが納得がいきませんでした。また、自分が渡っていなくては、向こうの岸は地獄かもしれないのに、どうして無責任に「どうぞ、どうぞ、お先に」と言えるのでしょうか。

と、このように出家したての頃、疑問をもちました。道元禅師が『正法眼蔵』の中で、何回も菩提心についておっしゃっていますのに、宗祖の教えに疑問を抱いているというけしからん仏弟子でした。菩提心、この言葉については、前の節でも説明しましたが、あらためて復習してみますと、ただ「覚りを求める心」ではなく、私たちが学んでいる大乗仏教では、「覚りを求めて他を救おうとする心」ということになります。仏教を学ぶ上で、難しい漢語に親しんでいくことも、大変ですが、菩提心は仏教を学ぶ上でのキーワードです。

衆生を彼岸に渡そうという願い

迷い多い自分を救いたいというのが、私の出家の動機でしたが、三十年たって、仏の教えは命を楽しむ教えであり、人生を深く味わわせてもらえる教えであり、この命は私という個人の持ち物ではなく、天地いっぱいの命なのであるということを少しでも覚知させてもらえる教えだと思いいたっています。出家させてもらって有り難いとつくづく思いいたっています。

そして、ようやく菩提心をおこしているのです。この分なら「お先にどうぞ」と言っても問題はないとわかってきたからです。

三章までに、戒を守ることの教えや、懺悔をすることや、仏法僧の三宝に帰依することを学んできました。やはりここまで学んできた「あなた」にだから、「己れ未だ度らざる前に一切衆生を度さんと発願」いたしましょうとおすすめできるわけです。

やみくもに、「自未得度先度他の心を発すべし」と説かれているわけではないことを納得していただけたでしょうか。自分がなんとか救われそうだと思えばこそ、他の人もこの道で救われるよ、と、すすめることができるのではないでしょうか。自分だけが救われればそれでよいという心では、逆に、救われることはできないと諭してくださっているとも言えましょう。

そうしてひとたび「己れ未だ度らざる前に一切衆生を度さんと発願」したからには、生々世々、六道に生まれ変わろうと、四生に生まれ変わろうと、菩提心は引き継がれて消えないのである、だから一刻も早く菩提心に目覚めなさい、というわけですね。「目覚めよ」とは、仏教、キリスト教にかかわらず、常に宗教者の説くところですね。

しかし、ひと頃、ある宗教団体では折伏行為が激しく問題になりました。自分が救われたから、他の人も自分の信じる団体に勧誘して救ってあげたいという熱意は、その教えでは救われたくない人にとって、信仰の押し付けは迷惑以外の何ものでもありません。これはどの宗派にも言えることではないでしょうか。

自分だけ救われればよいのではなく、他も救いたいという思いを抱いたとしても、それがいらぬお節介ということもあるかもしれません。

津波が来るから、早く高台に逃げるようにと言われたならば、文句なくそのすすめを聞き入れて高台に逃げるでしょう。生死にかかわることならば、そのすすめを素直に受け入れやすいですね。しかし、生きていく道については、なかなか素直に受け入れがたいし、どの道を選んだらよいかも情報が多すぎて、なんともわからない人が多いのではないでしょうか。

援け援けられ老病死海を渡りたい

他を救いたいと願うならば、やはり自分自身が、他から信頼されていなくては説得力はないでしょう。仏の教えを学ぶことはこの命が救われることだと、心底思えるには、あの人の言うことなら信じられるとか、あの人のようになりたいとかいう思いがなければ耳を貸してはもらえないでしょう。

しかし、覚りに導くというとおこがましいですが、共に正法を聞くチャンスに恵まれますようにという願をおこしたいと思うのです。

何億光年も先からとどく星の光に心惹かれ、何億年も地球を回り続けている月の光に包まれる思いをし、一陣の風にハッと心を打たれたり、そんな思いが深まる時、仏道に導かれてこの命有り難し、とつくづく感じる時があります。これは発心出家してより、正法を聞く機会に恵まれてきたからだと思います。

自分は、覚りの岸まで辿りつけるかどうかわかりませんが、あなたには、仏道を学んで生きるこの道を、覚りの彼岸にまで歩んで行っていただきたいと願うのです。輪廻転生し続けても、一度おこしたこの思いは消えないと、道元禅師が確約してくださっています。信じて生きていこうと思うのです。悩みの海に溺れかかっていたこの身を、救い上げてくださった菩提船に乗って、自分だけ救われようということなく、もし苦しんでいるあなたがいたら、共に乗り合うことをすすめたいのです。もし、一人は乗り切れないとしたら、躊躇せずに自分は再びその海に落ちようとも、あなたを先に岸までとどけましょう。ちょっとカッコいいでしょうか。もう少しカッコ良く言いますと、「大丈夫、私はもうこの悩みの大海に落ちても、泳ぎ方がわかっているのですから」。

お互いに援け援けられてこの老病死海を渡ってまいりましょう。お互いに自ら未だ渡らざる先に他を渡さんとする心を発《おこ》し合っているあなたと私ですから、この世俗の海に溺れきって、永遠にこの命がこの世にあると錯覚し、刹那の楽しみに振り回されはしないことでしょう。雲に風に月に星に、じっくりと命の話を聞き合いましょうか。

〔第二十一節〕

衆生《しゆじよう》を利益《りやく》すというは四枚《しまい》の般若《はんにや》あり、一者布施《ひとつにはふせ》、二者愛語《ふたつにはあいご》、三者利行《みつにはりぎよう》、四者同事《よつにはどうじ》、是《こ》れ則《すなわ》ち薩埵《さつた》の行願《ぎようがん》なり、其布施《そのふせ》というは貪《むさぼ》らざるなり、我物《わがもの》に非《あら》ざれども布施《ふせ》を障《さ》えざる道理《どうり》あり、其物《そのもの》の軽《かろ》きを嫌《きら》わず、其功《そのこう》の実《じつ》なるべきなり、然《しか》あれば則《すなわ》ち一句一偈《いつくいちげ》の法《ほう》をも布施《ふせ》すべし、此生佗生《ししようたしよう》の善種《ぜんしゆ》となる、一銭一草《いつせんいつそう》の財《たから》をも布施《ふせ》すべし、此世佗世《しせたせ》の善根《ぜんごん》を兆《きざ》す、法《ほう》も財《たから》なるべし、財《たから》も法《ほう》なるべし、但彼《ただかれ》が報謝《ほうしや》を貪《むさぼ》らず、自《みず》らが力《ちから》を頒《わか》つなり、船《ふね》を置《お》き橋《はし》を渡《わた》すも布施《ふせ》の檀度《だんど》なり、治生産業《ちしょうさんぎょう》固《もと》より布施《ふせ》に非《あら》ざること無《な》し。

〔訳〕人々のためになることをするのに、真の智慧のはたらきとして四種の智慧がある。一つには布施、二つには愛語、三つには利行、四つには同事という智慧である。これはすなわち菩薩が身をもって行うべき誓願である。貪らないということも布施である、また自分のものではなくても布施してはならないということはない。僅かなものでは駄目だというのではなく、そのはたらきのまことを見ることである。そうであるから、たとえ一句一語の教えでも布施をしたらよいので、この世やあの世の善き種となるのである。たとえ僅かなお金でも物でも布施をしたらよいので、この世やあの世の功徳の元となるのだ。法（仏の教え）も宝であるし、物質的なものも法と同じなのである。ただ他からの報いを貪らないで、自らもてる財なり法なりを他に分け与えることである。舟を置いたり橋をかけたりするのも布施そのものである。生計を立てるための仕事をなすことも布施でないことはないのである。

〔解説〕
この節では、人々を先に彼岸に渡すための具体的な智慧である実践行が説かれています。それには布施、愛語、利行、同事という智慧がありますよ、ということですから、それについて学んでみましょう。

布施は世のため人のため

まずはじめに布施が説かれます。これはお坊さんにとって都合の良い話だと思う人もいるのではないでしょうか。私が僧侶でなければ、そんなことを思いそうです。しかし、真の布施というのは、僧侶にお包みするお布施を意味しているのではありません。道元禅師は布施とはむさぼらないことだと説かれています。欲しがろうとしない、と言ってもよいでしょう。また一方自分の得た財を、自分のものだけにしないで、世のため人のために使おうと解釈してもよいでしょう。日本だけではなく世界中に自然災害が起こり、生活に困窮する人々も数えきれないほどです。少しでも自分の財布から寄付することも社会に対しての布施になります。

社会の一員として会社やお店や農業、漁業、この世で働いた対価として報酬を得ますが、その中からいつも社会に寄付していくことは、とても大事な布施です。そんな余裕はない、とおっしゃる人も多いでしょうが、道元禅師は「一銭一草」でもよいとお説きです。

お釈迦様が托鉢していらっしゃったとき、一人の子どもが、お鉢の中に遊んでいた砂を差し上げました。砂ではありますが、子どもにとっては心からの布施だったのです。後にこの子どもは阿育王としてお生まれになったといわれています。

また山々に咲いている美しい花を、仏様に供養します、と思わず言ったとしても、それも布施です。また道元禅師は「一句一偈の法をも布施すべし」とおっしゃっていますが、実は私は、道元禅師から大変なお布施をいただいています。それは、私が出家を決意したのは、道元禅師のお書きになった「仏道をならふとは自己をならふなり」という一文を目にしたときだからです。今こうして布施について解説を書かせていただきながら、あらためてこれは七百年以上の時を超えて道元禅師からいただいた法の布施だと思い返しています。

法の布施こそ実は最高の布施なのです。皆さんも人生を振り返ってみて、あの時のあの人のあの言葉に救われたという経験があるのではないでしょうか。それこそいただいた布施です。

治生産業（生産活動をして生計を立てること）も布施だと道元禅師は言われます。汗水たらして、社会のため、家族のため、自分の生活のために働くこと自体が布施だとおっしゃっています。また「舟を置き橋を渡すも布施の檀度」とおっしゃいます。私はここで、橋をかけたり堤を築いたりなさった行基菩薩（六六八〜七四九）を思い出します。奈良の大仏造営のために、民衆から寄付を募り大きな働きをした僧侶ですが、多くの社会事業にも弟子と共に尽力しました。余談ですが、行基菩薩の弟子の集団には、霊能のあった多くの三昧聖《ざんまいひじり》といわれる人々がいたという説があります。行基菩薩が橋をかけたりした社会事業は、まぎれもなく布施ですし、さらに民衆をそのような善をなすことに導いたこと自体が布施そのものです。行基菩薩のなされた事業こそ、布施行のお手本と言えましょう。

お布施は仏法僧へのお供え

さて、やはりここで僧侶にお包みするお布施について考えてみたいと思います。なぜならば皆さんが「お布施」としてその意味を知りたい具体的な一つではないかと思うからです。

僧侶は生産活動をしませんので、一切の対価は得ることはできませんし、釈尊の時代からそれは禁止されてきました。ただ、僧侶は僧侶本人も含めて一切衆生の成仏を願って、修行している身です。また現代の日本を見てみますと、僧侶は、檀家さんの心の安寧や、先祖供養のための法事や、葬儀の導師を務めて、それで檀家さんからお布施を納めていただきますが、それは生産活動における対価とは違うのです。お布施は僧侶個人が頂戴するものでもありません。法施（法の布施）を施すことによって、財施（財の布施）を頂戴しますが、本来的には仏様が頂戴するといってよいでしょう。そして、僧侶は、それをお寺の運営のために、仏様からお預かりして使わせていただいていると解釈しています。

よく仏教のご葬儀代が高すぎるということを耳にしますが、この頃、住職となって見えてきたことは、お寺のお布施よりも葬儀屋さんへの支払いがかなり高額であるケースが多いということです。それをお寺へのお布施と一緒に勘違いしてしまい、葬儀代は高すぎると誤解しているのではないかと思うのです。最近あまりに高い葬儀屋さんを使った檀家さんの例がありましたので、良心的な葬儀屋さんに葬儀をお願いしましょう、という手紙を、全檀家さんに出したほどです。

また、次のことをよく聞いていただきたいのですが、キリスト教にしても、ドイツやスイスなどの国によっては、教会税として所得税の八パーセントから九パーセント納めることを認められています。アメリカ人の友人などは、収入の十パーセント毎月献金するのだそうです。それは「十分の一税」（タイザ tithe）というのだそうです。三十万円のお給料の人は毎月三万円納めていることになります。ですからご葬儀のとき、キリスト教では、仏教のようにまとめてお布施（献金）する必要がないのは当然と言えましょう。

日本におけるキリスト教会の制度は詳しくは知りませんが、最近知人で教会の洗礼を受けた女性がいましたので、献金についてお聞きしましたところ、「私は収入は多くないので、毎月三千円だけでよいのです」ということでした。毎月三千円といいますと、年間三万六千円です。お寺の護持会費やら年間のお布施に比べまして、かなりこのほうが多いのではないでしょうか。

キリスト教の教会員は、神様に納めているのですから、喜んで献金している人も多いでしょう。死後、神の国に入らせていただくために、十分の一どころではなく多額の献金を喜んでなさる人も多いでしょうし、隣人愛のために差し出す人も多いのではないでしょうか。友人の場合は、それをしないと罪悪感にとらわれるのだそうです。また新宗教の宗教団体の信者の方々も、かなり多額の寄付をなさいますが、心からの喜捨をしている人が多いのです。

心からの帰依と感謝の念を込めて

それに比べて既成の仏教寺院の護持会費は、一年に一度だけであり、かつ高額ではありません。ですから葬儀のときにまとめて納めていただくということになるわけです。

葬儀のお布施自体は、個々のお寺によって違いはありますが、それほどの高額にはならないでしょう。院号が高いということも耳にしますが、本来院号は、お寺のために特に貢献してくださった檀家さんに付けさせていただくものですが、生前よく働きお金もあり、特に院号を付けてもらって故人を讃えたいという遺族の意向ならば、住職が許可してくだされば、それなりにお寺に喜捨なさればよいと思います。院号など付けてもらったが高すぎたなどと、陰口を言うとしたら、かえって故人の徳を損じますから、そう思うご遺族は、院号をいただかないほうがよいのではないでしょうか。

他の宗派では、仏教徒として、しっかりと修行した証として院号をお付けすることもありますので、院号については宗派によって違いはあるでしょう。

いずれにしましても、お寺を維持する一員として、心からお布施したいというお布施が一番ですし、故人の心からなる冥福を願って、仏法僧にお供えなさってください。ご自分が苦労をして得たお金なのですから、いやいやながらの思いでお布施はしないほうがよいと思います。

新宗教の信者さんたちは、その宗教で救われたり、救われたいという願いをもってお布施を納めていると思いますから、お布施に嫌がっている手垢がついていることが少ないのではないでしょうか。キリスト教の信者さんも死後神の国に入りたいと願い、一生懸命献金しますので、献金したお金に天使の羽根が付いているとさえ思う人もいるのではないでしょうか。

仏教寺院にお布施なさるときも、どうぞお釈迦様への心からなる帰依の心と、感謝の念を込めてお布施なさっていただきたいと願うのです。汗水たらして働いたお金です。いやいやお布施するのは絶対にやめましょう。孫子の代までもお寺が存続し、お釈迦様の教えが伝えられる場として大事にしたいという思いを込めていただきたいのです。また先祖の冥福を、仏菩薩が助けてくださることを信じてお布施をしてください。そうして、僧侶に仏様の教えを教え導いてくれるようにと、遠慮なくお尋ねください。これこそが大事な僧侶からのお布施なのです。

苦しみのある人は苦しみを滅する素晴らしいお釈迦様の教えを知るでしょう。この命をしみじみと楽しんで生きる道であることを知るでしょう。自然にお布施もなさりたくなるでしょうが、お布施が欲しくて、懇切に解説したわけではないこと、申し添えます。どうぞ心からなるお布施で、あなたの心も、大事なお金も、それを納めていただいた方も、皆平安でありますように。浄い行為こそ、先祖を喜ばせる最高の供養だからです。どうぞ気持ちの良い日送りをなさってくださいますよう。

〔第二十二節〕

愛語《あいご》というは、**衆生**《しゅじょう》を**見**《み》るに、**先**《ま》ず**慈愛**《じあい》の**心**《こころ》を**発**《おこ》し、**顧愛**《こあい》の**言語**《ごんご》を**施**《ほどこ》すなり、**慈念衆生猶**《じねんしゅじょうゆう》**如赤子**《にょしゃくし》の**懐**《おも》いを**貯**《たくわ》えて**言語**《ごんご》するは**愛語**《あいご》なり、**徳**《とく》あるは**讃**《ほ》むべし、**徳**《とく》なきは**憐**《あわれ》むべし、**怨敵**《おんてき》を**降伏**《ごうぶく》し、**君子**《くんし》を**和睦**《わぼく》ならしむること**愛語**《あいご》を**根本**《こんぽん》とするなり、**面**《むか》いて**愛語**《あいご》を**聞**《き》くは**面**《おもて》を**喜**《よろこ》ばしめ、**心**《こころ》を**楽**《たの》しくす、**面**《むか》わずして**愛語**《あいご》を**聞**《き》くは**肝**《きも》に**銘**《めい》じ**魂**《たましい》に**銘**《めい》ず、**愛語**《あいご》**能**《よ》く**廻天**《かいてん》の**力**《ちから》あることを**学**《がく》すべきなり。

〔訳〕愛語というのは、人々を見て、まず子どもを慈しむような愛に溢れた心をおこし、心の込もった言葉をかけることである。〔『法華経』提婆達多品に〕「衆生を慈しみ念じることは、赤子を慈念するように」という文言があるが、そのような優しい思いを込めてかける言葉は愛語である。徳のあることは誉めればよいし、徳の無いことは憐れむがよいだろう。怨みをもつ敵でも降伏させたり、君子の間の争いでも和睦させるには、愛語が根本である。面と向かって愛語をかけられれば顔もほころぶし、心も楽しくなる。人づてに愛語を聞いた場合は、心魂に深く刻まれる。愛語は天下を変える力さえあることを、学ぶべきである。

〔第二十三節〕

利行《りぎよう》というは貴賤《きせん》の衆生《しゆじよう》に於《お》きて利益《りやく》の善巧《ぜんぎよう》を廻《めぐ》らすなり、窮亀《きゆうき》を見《み》病雀《びようじやく》を見《み》しとき、彼《かれ》が報謝《ほうしや》を求《もと》めず、唯単《ただひと》えに利行《りぎよう》に催《もよ》おさるるなり、愚人《ぐにん》謂《おも》わくは利佗《りた》を先《さき》とせば自《みず》からが利《り》省《はぶか》れぬべしと、爾《しか》には非《あら》ざるなり、利行《りぎよう》は一法《いつぽう》なり、普《あま》ねく自佗《じた》を利《り》するなり。

〔訳〕利行（人を利する行い。利他行）ということは、身分のいかんにかかわらず、それぞれの利益になるようなさまざまな手立てを尽くすことである。人間につかまって困っている亀を助けたり、病の雀に出会ったとき、報いなど求めずに、ただひたすらに利行の心をおこして助け［てご恩返しを受け］たという話がある。愚かな人間は他の得を先にすれば、自分の得は減らされてしまう、と思うかもしれないが、そうではないのだ。利行は、自分の得も他の得も一つなのである。〔真の〕利行は、自分も他もあまねく利益するのである。

〔解説〕

人は苦しみの中にあるとき、一言の言葉で救われることがあります。筆者もかつて僧堂修行時代にぬれぎぬを着て苦しい状況にあったとき、本師余語翠巖老師から「いつも元気そうじゃのう」と一言をかけられたことを思い出します。苦しいさなかにあったのですが、本師は慈愛に溢れた方だったので、元気ではなかった私なのですが、「元気に頑張りなされや」と励まされたと同じに聞こえて勇気を取り戻したのです。

愛語とは慈愛に溢れた言葉

このことから学んだのですが、真実に溢れ、慈愛に溢れた人の言葉は事実をそのまま言うことでない場合もあるということです。おためごかしに「大変ね」「頑張ってね」等と言うよりも、「こんにちは」と挨拶を交わすほうが真実語（私は実のある言葉を真実語と表現します）の場合もあります。その言葉を発する心に相手を思いやる慈愛があれば、どんな言葉でも通じるということも言えましょう。

しかし、徳が足りないのではと思う人にたいして憐みの心をもって接し、言葉をかけるのは、かなり慎重でなくてはと思います。徳が足りないという判定をする自分自身の心に、その人よりも自分が優れているという奢りがないかどうか、気を付けなくてはならないのでは、と批判精神旺盛な私は思うのです。

けれども、よくよくこの言葉の深さを知るには、文言がどのような教えから説かれているかということをあらためて見直さなくてはなりません。第四章発願利生は、道元禅師の『正法眼蔵』「菩提薩埵《ぼだいさつた》四摂法《ししょうぼう》」という巻の中にある文言から大事な教えとして編輯されています。この巻は禅師が仏弟子に対して、仏道を学ぶものは菩薩であれよ、という願いを込めて、人々を救うための四種の方法を説いてくださっている一巻です。

愛語を考えるとき、筆者の心に浮かびますのは、良寛様（一七五八〜一八三一）のエピソードです。放蕩者の甥をいさめて欲しいと家族に頼まれた良寛様ですが、一週間そこに滞在する間、一言も甥にたしなめる言葉をかけることができません。そしていよいよそこを離れる日、その甥に草鞋の紐を結んでくれるように頼むのですが、紐を結んでいる甥の首筋に涙がポタポタと落ちてきました。それは、良寛様の甥を思いやる慈愛の籠《こ》もった涙でした。それからその甥はすっかり改心したそうです。慈愛に溢れた良寛様の愛語は無言でした。

いかに素晴らしい言葉であっても、慈愛がなければ、意味はないのですね。人の真情にせまるには、「思いやりある、あたたかい慈愛の心」に溢れた真実語です。「思いやりある、あたたかい慈愛の心」をことあるごとに学んでいきましょう。それはどこにも転がっていません。事にふれるたびに、自分の心の底に「思いやりある、あたたかい慈愛の心」ならどうするかと問いかけつつ、耕して実践して我が心に溢れさせていくものではないかと思います。心して、穏やかな、人を思いやる言葉を使うようにいたしましょう、お互いに。

困っている人を助ける、これが菩薩

利他行と言われると、自分は損をするのでは、と、つい思いがちです。また自分は損をしてでも他の利益となるようなことをしなさい、ということではないかと思ってはいませんか。しかし、道元禅師は、決してそうおっしゃっていません。「利行は一法なり、普ねく自他を利するなり」とおっしゃっていることを学んでみましょう。「情けは人のためならず」という言葉は、よく耳にします。人のために何かお役に立つようなことをすると、やがては自分にとってよい報いがあるよ、というような意味です。しかし、これは普通の訳です。仏教的に訳しますと、人のために何かお役に立つようなことをする、その時、同事にそれは自分自身の心のためになっている、と言えるのです。（現代の若者は耳にしますでしょうか？）

実は自利利他ということは、多くの経典に書かれています。『大般若経』とか『華厳経』とか『涅槃経』などの経典に出てきますし、「自利利他悉く皆円満」という表現もあります。利他だけではない、自利だけではない、両方が説かれています。仏教は、利他だけを説いているのではないし、自己犠牲を説く教えでもないということがわかるでしょう。自利利他円満という語を辞書で引いてみますと、自らの覚りのために修行することと、他人の救いのために尽くすこと、この二つを共に完全に行うこと、と書かれています。道元禅師も、具体的な自利のあることもあげて、利他をすすめてくださっています。こういうところにも、道元禅師は人々を救いたいという親切心に溢れていることをあらためて感じますし、人間を見つめていてくださっていることを感じます。

中国唐時代に編まれた『蒙求《もうぎゅう》』という子ども向けの書物の中に、楊宝という人が、傷ついた雀を子どもの頃に助けてやったら、やがて高官に就くことを約束されたが、その通りになったという話や、孔愉という人は、捕まっていた亀を助けて川に放してやったら、後に知事になり、その印鑑にそのときの亀の姿が現れた、という話があります。

道元禅師はこの話を例にあげて、決して後の報いを求めたわけではなく、ひたすらに病雀を助け、窮亀を助けたのであるが、後に自利も得たことを説かれています。愚人は利他を先にすると自分は損をしてしまうと思いがちなので、そうではないよ、と示してくださっていることは、我ら愚人にとって、ホッとするところではないでしょうか。
恩着せがましく、他人に親切にするのならばしないほうがましでしょう。とにかく、はからい心なく、困っている人を見たら助けましょう、それが菩薩の道なのだ、と教えてくれているのです。仏道を学ぶ人は、誰でも菩薩だと説かれているのです。菩薩の心得は、布施、愛語、利行、同事を実践することであり、これが菩薩行だと説かれているのです。菩薩……私とは関係ないわ、私は菩薩なんて素晴らしいものではないもの、と、あなたは思っていませんか。布施、愛語、利行、同事の四種の仏の教えに導かれて、仏道を学ぶ人は、仏教では、みな「菩薩」と呼ばれるのだそうです。菩薩の皆様、お互いに良い日送りをいたしましょう。

〔第二十四節〕

同事《どうじ》というは不違《ふい》なり、自《じ》にも不違《ふい》なり、佗《た》にも不違《ふい》なり、譬《たと》えば人間《にんげん》の如来《にょらい》は人間《にんげん》に同《どう》ぜるが如《ごと》し、佗《た》をして自《じ》に同《どう》ぜしめて後《のち》に自《じ》をして佗《た》に同《どう》ぜしむる道理《どうり》あるべし、自佗《じた》は時《とき》に随《したご》うて無窮《むきゅう》なり、海《うみ》の水《みず》を辞《じ》せざるは同事《どうじ》なり、是故《このゆえ》に能《よ》く水聚《みずあつま》りて海《うみ》となるなり。

〔**訳**〕同事ということは相違がないということである。自他共に相違がないことである。たとえば人間界に如来は人間としてお生まれになり、人間に合わせてくださったようなことをいう。相手が自分を受け入れやすいようにしてから、自分を相手に受け入れさせようとするのが道にかなっているであろう。自己と他者の関係は時と共に限りなく続いていくものなのである。海が水を拒まない、こういうことも同事である。海は水を拒まないから、水が集まって海となるのである。

〔第二十五節〕

大凡《おおよそ》菩提心《ぼだいしん》の行願《ぎょうがん》には是《かく》の如《ごと》くの道理《どうり》静《しず》かに思惟《しゆい》すべし、卒爾《そつじ》にすること勿《なか》れ、済度摂受《さいどしょうじゅ》に一切衆生皆化《いっさいしゅじょうみなけ》を被《こう》ぶらん功徳《くどく》を礼拝恭敬《らいはいくぎょう》すべし。

〔訳〕 菩提心の実践と誓願には、総じて、このような道理があることを心静かに考えるべきである。軽々しく考えてはならない。一切の衆生は済度（救われること）され、摂受（受け入れ導かれること）されてその導きを受けることができる、この功徳を礼拝し、つつしんで敬うべきなのである。

〔解説〕
この第四章では、仏道に生きる菩薩として、人々を仏道に導く誓願と、それをどう実行したらよいかという四種の方法（四摂法）が示されています。今まで、布施、愛語、利行の解説をしてきましたが、いよいよ最後の「同事」の解説になります。この四摂法は『大般若経』などの初期大乗経典にもたびたび説かれている方法です。また、それよりも古い経典である阿含経典の中にもありますが、いわゆる大乗経典の中で説かれている意味と、阿含経典の中で説かれている意味とは、違いがあります。阿含経典などは出家者専門に説かれているといったらよいでしょう。

道元禅師が『正法眼蔵』の中でお説きくださっている四摂法の意味は、道元禅師独自の視点から説かれていると言えましょう。

いよいよ最後の同事について学んでみましょう。

他者の苦悩に寄り添い救うこと

そこで道元禅師は、同事というのは、お釈迦様が人間界に人間としてお生まれになって、人間に合わせて法をお説きくださったことが同事であり、また海が全ての水を受け入れて海となっていることを同事というのであると説いてくださっています。

自他共に相違がない、ということは、あなたとわたしは別人格ではあるけれども、同じ人間である、人間のみならず、生きとし生けるもの全て、お互いに天地の命のあらわれようだ、と受け取ることではないでしょうか。仲良く共にこの世を生きていこうではないか、ということになりませんか。

「佗をして自に同ぜしめて」ということは、相手に自分を受け入れさせるということですが、この人の言うことなら聞けるという気持ちが起きるように努力することが、菩薩としての同事行を行うためには大事なことと解釈してよいでしょうか。一方的に自分の意見をまくし立て、他の人の言うことには耳を貸さない人が、時々います。こういう人は、自分は正しいと思い込んでいる人に多い傾向ですけれど、こういうことでは自分の考えを受け入れてもらいたいと思ってもかえって耳をふさがれてしまうでしょう。

お釈迦様はもちろんのこと、お釈迦様のお弟子さんたちが歩く姿を目にしただけで、その凜としたお姿に惹かれて出家した僧侶さえいたという話も伝わっています。

たとえば、スポーツの世界にしても、優れた選手は他を自分のほうに向かせ、さらに自らのスポーツ論を教えることは容易でしょう。

菩薩であろうとする者は、相手がこちらに自ずと入り込んでこられるような力量もあり、懐の深さもあることが大事であるということではないでしょうか。

それにはいくら仏教的な学識があっても、十分とは言えないでしょう。他の人の苦悩に寄り添える、なんだか信頼できそうな、なんだかあったかい空気があれば、人は自ずと近づいてくることができるのではないでしょうか。他の人の苦悩に寄り添えるには、やはり自分も似たような経験があると、なおさら相手の苦悩をわからせてもらえるのではないでしょうか。挫折したことのある者は幸いなるかな、打ちのめされたことのある者は幸いなるかな、この世の地獄を見た者は幸いなるかな。菩薩でありたいと願う者にとって、人生における多くの苦しみこそ有り難い光ではないでしょうか。

お釈迦様が人間の姿で、この世に現れてくださって、私たち人間にお手本を示してくださったことは、あらためて有り難いことと思います。人間としての苦悩をお釈迦様はご存じであること、その上で真理をお説きくださったから、その真理の教えに耳を傾けることができるのではないでしょうか。

教えを灯りとして今日を生きる

また仏像でさえも、同事行を成し遂げていることを、中国の禅僧のお話に見出すことができます。

達磨大師から六代目の祖師に六祖《ろくそ》慧《え》能《のう》禅師（六三八〜七一三）という方がいらっしゃいます。

そのお弟子のさらにお弟子さんに石頭希遷《せきとうきせん》禅師（七〇〇〜七九一）という方がいました。この禅師は石の上に庵を建てて坐禅をしていたので石頭と呼ばれた方ですが、この方が少年の頃、お母さんに連れられてお寺にお参りに行きました。お釈迦様の仏像の前で、石頭少年は言いました、「お母ちゃん、仏様って、手も足も顔も人間と同じだね。ぼくも仏様になろうかな」と。そうして、間もなく少年は出家して、勝れた禅僧になったのです。

これもお釈迦様が人間として生まれてくださったので、そのお姿を真似た仏像は人間のお姿です。もしいかに神通力があったとしても、龍や狸のようであっては、人間は誰しもあのようになりたいとは思わないでしょう。時を超えてお釈迦様とも道元禅師とも私たちはつながっています。今此処《ここ》で無窮に続いていると言ってもよいでしょう。

『管子《かんし》』という中国古代の書物の中に「海は水を辞せず、云々」という文言があり、道元禅師はここを取り上げて、海がどのような水でも受け入れて海となっていることを同事と説かれています。海は全ての川の水や雨も、全て受け入れて後に、同じ塩味にしてしまいます。また海には浄化作用があります。しかし、この件については、道元禅師の時代にはありえなかった現代の悲劇がありますね。原発事故以後の海には、どのような水でも受け入れてしまい、汚染されてしまうという悲劇があります。それでも何百年かのときが流れれば、いつかは浄化されることでしょうが。

同事行の中には、一時は空しく見えることもあるでしょう。天の流れにお任せするしかないことも多いでしょう。

また素直な人ほど他を受け入れることのほうに重点を置いてしまい、自分を殺して他に合わせている人もいますが、それは同事行ではありません。菩薩行はへつらいも媚も入り込む余地はありません。ありたいのは、他を慈しみ苦しみを取り除いてあげたいという願いと実践です。仏教を学ぶ全ての人は、この教えを灯りとして少しでも実践して生きていきましょう。私にもなかなか容易な道ではありませんが、教えは灯りです。これが完璧に実践できたならば、あなたも私も正真正銘の仏様です。

道元禅師はさらに次のように菩薩として生きる姿勢を教えてくださっています。「ただまさに、やはらかなる容顔をもて、一切にむかふべし」(「菩提薩埵四摂法」巻)と。これならできそうではありませんか。七百年以上の時空を超えて、道元禅師の灯りがあなたにも私にもとどいているのです。一生はまもなく終わるでしょう。あなたも私も。灯りを頼りに今日というときを生きようではありませんか。

第五章

行持報恩

（第二十六節〜第三十一節）

〔第二十六節〕

此《この》発菩提心《ほつぼだいしん》、多《おお》くは南閻浮《なんえんぶ》の人身《にんしん》に発心《ほっしん》すべきなり、今是《いまかく》の如《ごと》くの因縁《いんねん》あり、願生此娑婆《がんしょうししゃば》国土《こくど》し来《きた》れり、見釈迦牟尼仏《けんしゃかむにぶつ》を喜《よろこ》ばざらんや。

〔訳〕この菩提心は、多くの場合、南閻浮（仏教の宇宙観に須弥山《しゅみせん》説があり、須弥山の南にある大陸で、我々のような人類が住む所）の人間におこすことができるのである。今我々は、願ってこの娑婆国土（煩悩があり、苦悩に耐えねばならないこの世）に生まれてきて、菩提心をおこす因縁があるのである。釈迦牟尼仏の教えに出会えたことを喜ばずにいられようか。

〔第二十七節〕

静《しず》かに憶《おも》うべし、正法世《しょうぼうよ》に流布《るふ》せざらん時《とき》は、身命《しんめい》を正法《しょうぼう》の為《ため》に抛捨《ほうしゃ》せんことを願《ねご》うとも値《お》うべからず、正法《しょうぼう》に逢《お》う今日《こんにち》の吾等《われら》を願《ねご》うべし、見《み》ずや、仏《ほとけ》の言《のたま》わく、無上菩提《むじょうぼだい》を演説《えんぜつ》する師《し》に値《あ》わんには、種姓《しゅしょう》を観《かん》ずること莫《なか》れ、容顔《ようがん》を見《み》ること莫《なか》れ、非《ひ》を嫌《きろ》うこと莫《なか》れ、行《おこな》いを考《かんが》うること莫《なか》れ、但般若《ただはんにゃ》を尊重《そんじゅう》するが故《ゆえ》に、日日三時《にちにちさんじ》に礼拝《らいはい》し、恭敬《くぎょう》して、更《さら》に患悩《げんのう》の心《こころ》を生《しょう》ぜしむること莫《なか》れと。

〔訳〕心静かに考えてみなさい、正法がまだ世に流布していないとき、いくら正法のために身命を捧げようと願ってもできないことであったが、今日、正法に出会えている我らは、身命を正法のために捧げようと願って当然ではないか。知っているだろうか、釈尊は次のようにおっしゃった、「この上ないまことの覚りを説き示してくれる師に出会ったならば、出身を穿鑿してはならないし、顔かたちで判断してはならないし、その人の欠点を嫌ってはならないし、その人の行いを批判してはならない。ただ般若を大事とするために、毎日朝昼晩礼拝し、敬って、憂い悩む気持ちを全く起こしてはならない」と。

〔解説〕
行持報恩という第五章の題が示すように、この章では、釈尊の教えに出会えた恩に報いることとは、修行し続けていくことであると説かれています。皆さんご存じのように、世俗の世界でいうところの修業と、仏教の修行は「ぎょう」の字が違います。技術技能を学ぶことは修業であり、一応取得の目途があります。しかし、仏教の修行には坐禅の恰好ができるようになったからといって、お経を覚えたからといって、それで修行終了ということはありません。仏道修行は無窮です。

般若とは仏の御いのちの現れ

何を修行し続けていくか、仏道修行と一言で言っても、それはなんでしょうか。『修証義』によれば、具体的には「布施、愛語、利行、同事」という菩薩としての願いを行じていくことと言えましょう。すでにこの教えの解説はいたしましたが、この四枚の般若を行じる者の心底に、釈尊の教えへの信仰がなくては、道徳になってしまいます。

道元禅師が正法とおっしゃるときは、常に坐禅があります。出家者は当然坐禅をすべきですが、在家の方々は日常生活の中で坐禅をなさることは、かなり大変ではないでしょうか。坐禅は仏行ですから五分でも十分でも、できればなさってください。

さらに、仏教信者として大事なことがあります。それは「般若を尊重すること」と言えましょう。般若とは何か。『般若心経』の般若ですが、こういう言葉自体をかなり説明しなくてはならないところに、仏教の問題があると思います。でも、共に学びましょう。

般若とは一般的には仏の智慧と訳されています。しかし、道元禅師の解釈はもう少し違う角度から説かれています。故長井龍道老師の『道元禅より見たる般若心経解説』によりますと、道元禅師は、般若とは「単に〝(人格の上における) 智慧〟の意味だけでなく、〝一切万物の存在そのものとその用《はた》らき〃即ち〃仏の御いのちの現われ・用らき〃の意味で受け取っておられる」と解説されています。

道元禅師は、また「この生死は仏の御いのちなり」とおっしゃっています。仏教徒としてあらためて胸にとどめたい言葉です。キリスト教では、人間のみならず天地自然のあらゆるものは神の被造物です。仏教では少し違います。

人間も含め天地自然の万物を、仏様が造ったとは言いませんが、似たようなニュアンスで『法華経』「譬喩品」に「今此三界皆是我有、其中衆生悉是吾子（今此の三界は皆是れ我が有なり、其の中の衆生はことごとく是れ吾が子なり）」とあります。この「我」「吾」は仏のことです。この世の一切の現れは、すべて仏の御いのちの現れである、ということになります。

仏教徒と自らを思う人は、どうぞ、この我が命は「仏の御いのちのはたらき」であると受け止めて欲しいと願います。そこから知識ではないまことの智慧が湧き出てくるのではないでしょうか。般若とは「仏の智慧」という受け取りだけではもったいないことです。

最高のこの上ない覚りを説いてくださる師にあったならば、どのような立場の方であってもその智慧を尊重すべきである、と説かれていますが、当時は身分差別のある社会でしたから、種姓とか、このような表現は出てきますが、道元禅師はそのような差別は一切関係がない、と説いていらっしゃるのです。尊重すべきは「仏の御いのちのはたらき」である本来の智慧なのだと教えてくださっているのです。

苦悩の人生で出会う仏の教え

「見釈迦牟尼仏」とは、お釈迦様のお姿を見ることではありません。『正法眼蔵』「見仏」巻で『法華経』を受持《じゅじ》・読誦《どくじゅ》・正憶念《しょうおくねん》・修習《しゅじゅう》・書写すること、とも説かれています。また「願生此娑婆国土し来れり」とお書きになっていますが、この主語は「見仏」巻では釈尊ですが、『修証義』では、「私たち」が、願ってこの娑婆世界に生まれて来たという意味に受け取るように説かれなおしています。

余談になりますが、私が若い頃、誕生日が一日だけ違うオーストリア人に出会い、長く彼女と交流をもちましたが、出会った頃、「あなたは日本に生まれると言い、私はオーストリアに生まれると言って生まれてきたの、覚えている?」と言われたことがあります。勿論、私は覚えていません。冗談だろう、と思っていましたが、もしかしたら本当かもしれません。ただ私は覚えていませんが。でも、こうして私は、多くの失敗と挫折を重ねたお陰で、日本において、出家者として仏道に出会え、道元禅師の教えに出会えて、この人生を求道者として生きている自らを顧みると、「願ってこの娑婆世界に生まれてきたのではなかろうか」と思えてくるのです。

南閻浮洲《なんえんぶしゅう》は、インドの須弥山説で説かれるところの須弥山の南にある島で、寿命も短く、決まっていませんし、楽もあるが苦もあり、正邪のあるところとされています。その中でも娑婆は憂いや悩みの多いこの人間社会を言います。ご存じとは思いますが、須弥山説を念のため説明しておきますと、古代インドの宇宙観で、宇宙の中心は須弥山であり、その周りに九つの山と、八つの海が取り巻いていて、一番外側の山の名は鉄囲山《てっちせん》と言います。鉄囲山の内側に東西南北に四つの島があり、南にある島を南閻浮洲と言い、人間が住む島とされています。

もし全てが満ち足りていたならば、果たして菩提心をおこすでしょうか。苦悩に満ちた人生であればこそ、人生とはなんぞや、生きるとはなんぞや、と悩み、仏の教えに出会うこともできるのではないでしょうか。そうして、他のために生きることを学び、お互いの命が仏の御いのちのはたらきなのですから、一つ命であることに気づかせてもらえ、生きることの喜びも感じられるのではないでしょうか。

自利と利他が一つであることを知るのも、この娑婆世界に生き、苦楽を共にすればこそです。満ち足りすぎていないこの人生を喜ぶべきでありましょう。思い通りにならないこの人生よ、有り難う、と感謝すべきでありましょう。たゆまずこの道を歩いて行く、掌を合わせつつ生きていく、報恩行持の日々をお互いに生き抜いていきましょう。少々辛いことが多すぎますが。

〔第二十八節〕

今《いま》の見仏聞法《けんぶつもんぼう》は仏祖《ぶつそ》面面《めんめん》の行持《ぎょうじ》より来《きた》れる慈恩《じおん》なり、仏祖《ぶつそ》若《も》し単伝《たんでん》せずば、奈何《いか》にしてか今日《こんにち》に至《いた》らん、一句《いっく》の恩尚《おんな》お報謝《ほうしゃ》すべし、一法《いっぽう》の恩尚《おんな》お報謝《ほうしゃ》すべし、況《いわん》や正法眼蔵無上大《しょうぼうげんぞうむじょうだい》法《ほう》の大恩《だいおん》これを報謝《ほうしゃ》せざらんや、病雀尚《びょうじゃくな》お恩《おん》を忘《わす》れず三府《さんぷ》の環能《かんよ》く報謝《ほうしゃ》あり、窮亀尚《きゅうきな》お恩《おん》を忘《わす》れず、余不《よふ》の印能《いんよ》く報謝《ほうしゃ》あり。畜類尚《ちくるいな》お恩《おん》を報《ほう》ず、人類争《じんるいいかで》か恩《おん》を知《し》らざらん。

〔訳〕今こうして仏を知り、仏法を聞くことができるのは、仏祖一人一人が仏道修行し続けてきてくれたという慈恩である。もし、仏祖から仏祖に法の真髄が伝わらなかったならば、どうして今日まで仏法が伝わってきたであろうか。たとえ一句、一法の教えでも、その恩に報い感謝すべきである。まして正法眼蔵（正伝の仏法の真髄）というこの上ない大法を伝えてくださった大恩にどうして報恩感謝しないということがあろうか。後漢の時代、楊宝という人がその少年時代に傷ついた黄雀を救ったところ、黄雀が夢に出てきて、四箇の白環を渡してくれたが、その家は四代にわたって三公の高官についたという恩返しの故事がある。晋代には孔愉という人が、捕えられていた亀を買いあげ渓に放してあげた。後に孔愉が余不亭侯に封じられることになり印鑑を作ったところ、三回鋳造しなおしても、印頭の亀は左を向いてしまうので、余不亭侯に封じられたのは、四度も左を顧みて去って行った亀の恩返しと気が付いたという。このように雀や亀でさえ恩返しを忘れないのだから、どうして人間が恩を知らないでいられようか。

〔第二十九節〕

其報謝《そのほうしや》は**余外**《よげ》の**法**《ほう》は**中**《あた》るべからず、**唯当**《ただまさ》に**日日**《にちにち》の**行持**《ぎょうじ》、**其報謝**《そのほうしや》の**正道**《しょうどう》なるべし、**謂**《いわ》ゆるの**道理**《どうり》は**日日**《にちにち》の**生命**《せいめい》を**等閑**《なおざり》にせず、**私**《わたくし》に**費**《ついや》さざらんと**行持**《ぎょうじ》するなり。

〔**訳**〕法を伝えてきてくださった大恩に対しての報恩感謝は、ただひたすら毎日の仏道修行をし続けていくこと、これこそが報恩感謝の正しい道であって、他のことではないのである。どういうことかというと、日々の生命をおろそかにせず、自分の欲のために使おうとしないで、仏道修行し続けていくことなのである。

〔**解説**〕

道元禅師は『正法眼蔵』「行持」巻で、次のように説かれています。慈父大師釈迦牟尼仏は、十九歳（お釈迦様の出家の年齢には諸説あります）から深山に入って修行なさり、生涯一つの鉢と三衣をもつのみで、乞食《こつじき》をなさりながら修行なさいました、と。次には、お釈迦様のお弟子である摩訶迦葉《まかかしよう》尊者は乞食をし、布団の中には寝ない、死人の骸骨を視て坐禅求道するなどの衣食住に関する厳しい十二頭陀《ずだ》行を自らに課して修行なさいました、と。

仏祖の行持より来たれる慈恩

禅宗の初祖である達磨様は、インドから中国に法を伝え、迷える人々を救うためにご苦労して来てくださり、嵩山《すうざん》の少林寺で坐禅し続けて正法を伝えてくださいました。その達磨様のもとに後に二祖となる慧可様がやってきます。雪の降りしきる中、入門を願う慧可様になかなか許可はおりません。慧可様は一晩中一睡もせず腰が埋まるほどの雪の中に立ち続け、ついに自らの肘を切り落として、求道のまことを示して入門を許されました。この二祖の弁道修行がなかったら、何千人の僧がインドから来たとしても法が伝わらなかった、と道元禅師は二祖の行持を讃《たた》えています。そうして法は三祖和尚から四祖和尚にと伝えられていきました。四祖和尚はひたすらの坐禅修行を続け、六十年間、横になって眠るということがなかったそうです。

六祖の慧能禅師は、「希代の大器」と道元禅師が褒め称《たた》えている唐時代の禅僧です。薪売りをなりわいにしていましたが、『金剛経』というお経の一句を耳にして、たちまちに覚するところがあり、法をたずねて黄梅山の五祖弘忍禅師（六八八～七六一）のもとに参じました。そこで慧能は八か月間眠ることもせず、休むことも無く、昼夜米搗きにいそしんだそうです。（字も読めない書けないという米搗き小屋の慧能が、一山の上座よりも勝れていると弘忍に認められ、ついに弘忍の法を継ぐことを許されました。その後六祖慧能は韶州《しょうしゅう》の曹渓山というところで、多くの弟子を育て、その法脈は道元禅師のお陰で日本の曹洞宗の僧侶一人一人にまで伝わっているのです。）

雲巖曇晟《うんがんどんじょう》（七四二～八四一）という禅僧は四十年もの間、横にならないで坐禅弁道にいそしんだそうです。百丈懐海（七四九～八一四）という禅師は、「一日不作一日不食（一日作さざれば、一日食らわず）」と言い、老いても自らに厳しく作務もつとめました。また「随流去」という言葉で知られる大梅法常禅師（七五二～八三九）は、馬祖道一禅師（七〇九～七八八）のもとで「即心是仏」の言葉で即座に覚ってより、大梅山中に一人こもり、蓮の葉を衣とし、松の実を食べて三十余年坐禅弁道の日々を送りました。

芙蓉道楷《ふようどうかい》禅師（一〇四三～一一一八）は修行僧と共に、一日に粥一杯で仏道修行に励みました。できるだけ余分な縁はぶき、専一に弁道することを修行僧たちにも説き、自らにも課したのです。道元禅師はそれを「祇園《ぎおん》の正儀《しょうぎ》」（釈尊の仏法そのもの、正しいあり方）として賞賛なさっています。

今生の我が身を菩薩として生きる

また道元禅師の師である天童山の如浄禅師（一一六三〜一二二八）は、同郷の者とも無駄口をきかず、時間を惜しみ、常に袖裏には坐布を携えていて、静かなところならばどこででも坐禅弁道なさったそうです。

これらが、道元禅師のおっしゃる「仏祖の行持」です。このように仏祖方が修行し続けて、法を伝えてくださったご恩はこの上ない大恩であるのですから、今仏教に導かれている私たちは、この恩に報いなくてはならない、と道元禅師はお説きになっています。仏祖の修行の日々をここに偲んで、私たちは、その恩に報いるにはどうしたらよいのでしょうか。

先日、スポーツの世界では、あるスケート選手が優勝して、コーチの先生に恩返しができたと思います、ということを言っていましたが、スポーツのように結果の出ない世界のことは、どうしたら恩返しができるのでしょう。

「私に費やさざらんと行持する」ように、と、道元禅師の文言があります。道元禅師の願いは「ただひたすら仏法のための行持」をし続けていくこと、修行し続けていくことと言えるでしょう。

この世で仏教を学ぶ者として、「日々の行持」「日々の生命を等閑にしない」とは、どのように受け止めたらよいでしょう。この生命は「仏の御いのち」であることをあらためて思い返してみましょう。あだやおろそかにこの命を扱ってはならないのです。今まで「布施・愛語・利行・同事」を具体的に学んできましたが、その実践にできるだけ努め、毎日、この命は仏の御命と、自らにもあらためて言い聞かせつつ、今という時間を行じましょう。

私事で恐縮ですが、百歳になる母の日記帳を見ますと、いつの頃からか、「今、何時何分、何をしている」「今、何時何分、云々」「今、云々」と全ての行に「今」という字が書かれています。刻々を生きているのだ、と私は、教えられたり、感心したりしています。

これだ、と思います。今、何をしているか。道元禅師は「而今」まさに今、ということの言葉をお好きでした。而今に何をしているか、しっかりと仏行を行じているか、チェックしつつ生きましょう。でも、しっかりと休憩すべきときは、而今、休憩。これも大事でしょう。

「しずかにおもうべし、一生いくばくにあらず」と道元禅師もおっしゃっていますが、まことに私自身も自らの死を実感するようになりました。若いときは他人事のように思っていましたが、さにあらず、「死」は非情のまことです。

仏の教えを一言一句でも学び、もし心穏やかならざるときは、心安らかになるように、欲に振り回されているならば、その愚かしさに仏の光をいただいて、今生の我が身を菩薩と仰いで生きる。日々掌を合わせつつ生きる、今生の過ぎざる間に。

〔第三十節〕

光陰《こういん》は矢《や》よりも迅《すみや》かなり、身命《しんめい》は露《つゆ》よりも脆《もろ》し、何《いず》れの善巧方便《ぜんぎょうほうべん》ありてか過《す》ぎにし一日《いちにち》を復《ふたた》び還《かえ》し得《え》たる、徒《いたず》らに百歳《ひゃくさい》生けらんは恨《うら》むべき日月《じつげつ》なり、悲《かなし》むべき形骸《けいがい》なり、設《たと》い百歳《ひゃくさい》の日月《じつげつ》は声色《しょうしき》の奴婢《ぬび》と馳走《ちそう》すとも、其中一日《そのなかいちにち》の行持《ぎょうじ》を行取《ぎょうしゅ》せば一生《いっしょう》の百歳《ひゃくさい》を行取《ぎょうしゅ》するのみに非《あら》ず、百歳《ひゃくさい》の佗生《たしょう》をも度取《どしゅ》すべきなり、此一日《このいちにち》の身命《しんめい》は尊《とうと》ぶべき身命《しんめい》なり、貴《とうと》ぶべき形骸《けいがい》なり、此行持《このぎょうじ》あらん身心《しんじん》自《みず》からも愛《あい》すべし、自《みず》からも敬《うやも》うべし、我等《われら》が行持《ぎょうじ》に依《よ》りて諸仏《しょぶつ》の行持見成《ぎょうじげんじょう》し、諸仏《しょぶつ》の大道通達《だいどうつうだつ》するなり、然《しか》あれば即《すなわ》ち一日《いちにち》の行持是《ぎょうじこ》れ諸仏《しょぶつ》の種子《しゅし》なり、諸仏《しょぶつ》の行持《ぎょうじ》なり。

〔訳〕時の過ぎゆくのは矢よりもはやく、人の命は朝露よりも儚いものだ。過ぎてしまった一日を再び取り戻せるような、いかなる勝れた手段もありはしない。正法に目覚めないで無駄に百年生きてしまうのは、残念というべき歳月であるし、悲しむべきむくろのような人間の姿である。たとえ、百年の間は、感覚的なことに振り回されきって生きたとしても、そのうちの一日でも、真剣に仏道修行したならば、百歳の一生を取り戻すだけではなく、次の百歳の生《しょう》までも、救うことができるほどなのである。〔であるから〕この一日の身体ある生命は、尊ぶべき身体ある生命なのであり、尊ぶべき人間という姿なのである。この仏道を行ずることのできる身心を、自ら愛するのがよいし、自らも敬うのがよいのである。私たちが仏道修行を行うところに、諸仏の修行が現れるのであり、諸仏の大道が行き渡るのである。そうであるから、〔たとえ〕一日の修行であっても、これこそ、諸仏となる種であり、諸仏が修行していることになるのである。

〔第三十一節〕

謂《いわ》ゆる**諸仏**《しよぶつ》とは**釈迦牟尼仏**《しやかむにぶつ》なり、**釈迦牟尼仏**《しやかむにぶつ》**是**《こ》れ**即心是仏**《そくしんぜぶつ》なり、**過去現在未来**《かこげんざいみらい》の**諸仏**《しよぶつ》、**共**《とも》に**仏**《ほとけ》と**成**《な》る**時**《とき》は**必**《かなら》ず**釈迦牟尼仏**《しやかむにぶつ》と**成**《な》るなり、**是**《こ》れ**即心是仏**《そくしんぜぶつ》なり、**即心是仏**《そくしんぜぶつ》というは**誰**《たれ》というぞと**審細**《しんさい》に**参究**《さんきゆう》すべし、**正**《まさ》に**仏恩**《ぶつおん》を**報**《ほう》ずるにてあらん。

〔**訳**〕よく諸仏というが、それは釈迦牟尼仏のことなのである。釈迦牟尼仏とは即心是仏のことを言うのである。過去現在未来の諸仏が、仏となるときには、必ず釈迦牟尼仏と同じになるのである。これが即心是仏ということなのである。即心是仏とは、誰のことかということを、よくよく深くきわめて明らかにしなくてはならない。これこそが仏恩に報いることになるのである。

〔**解説**〕

これで、『修証義』解説の最後になります。『修証義』が私たちに伝えたい究極のメッセージは、「仏」についての教えに尽きると言えましょう。仏は遥か彼方に拝むものではないことが最後の節において説かれるのです。

たとえ一日の修行でも諸仏の種

それぞれの人生、ほとんどの方は、一生懸命生きてきた、とおっしゃるのではないでしょうか。それをいたずらに百歳生きても惜しいし悲しい、と言われたとしたら、猛反発をなさるでしょう。しかし、この「徒らに」という意味は単にボーッと生きた年月を道元禅師がおっしゃっているのではなく、単にこの身を喜ばすことに夢中で、お金儲けやら仕事のことしか考えなかったり、グルメとかいっておいしいものを食べ歩くことだけに夢中になったり等々、これが「声色の奴婢」の意味ですが、仏の教えを学ばないで生きることを、徒らに生きると教えてくださっているのです。とにかくこの命がこの世にあることの真実に思いいたらないで生きる過ちを諭《さと》してくださっています。

お寺のことは、もう少し年を取ってからでいいよ、という方に時々会います。一応その方も、命が終わりになる頃には、多少仏心をおこしたいと思っているのかもしれません。しかし、「光陰は矢よりも迅かなり、身命は露よりも脆し」です。この無常をしみじみと思えたなら、あなたは本当に幸運とさえいえるのではないでしょうか。物質的に恵まれてもそれは幸運とは決していえません。たまたまの巡り合わせの状況にしかすぎません。たとえ、一生懸命働いた結果だとしても、巡り合わせにすぎません。

真の幸運は「光陰は矢よりも迅かなり、身命は露よりも脆し」、このことが心底思えたときです。しかし、思えていない人に思え、思えと言っても、これも空しいことです。そう思えるには、どうしたらよいでしょう。

とにかくこの身をもって仏道修行をいたしましょう。お寺の門を叩いて、坐禅修行ができれば、まことに最高のチャンスです。（禅宗では坐禅を最高としますが、それぞれの宗派にはそれぞれの宗派の修行法があります。）坐禅は、必ずしかるべき僧侶や先輩に導かれてください。何事においても言えることですが、自己流、我流は危険です。どう危険かと言いますと、道から外れてしまう危険があります。仏道は人から人に伝えられ、修行した師の教えに耳を傾け、仏の世界に導かれ、仏の御前に身を投げ出して、真の生き方を学ぶ信仰ですから、まずは、先達の導きによって坐禅に出会っていただきたいのです。

また坐禅はできなくても、戒を守ることも修行です。全ての戒でなくても一つの戒でも守ってみるとなかなか厳しいです。また布施・愛語・利行・同事行を実行することも修行です。明日、あなたの家のドアを無常の風がノックするかもしれないのです。しみじみとした人生の楽しみ方を、仏の道に生きることの中で味わってもらいたいと切に願います。そのうえで、グルメ良し、マネーゲーム良し、AKB48も良いのじゃないでしょうか。

発心・修行・菩提・涅槃の心こそ仏

さて、お釈迦様がなぜ諸仏という複数なのでしょうか。これは、『仏本行集経』というお経の中に次のようなことが書かれているからです。お釈迦様が過去世を振り返ったとき、覚りを求めて三十億の仏にお会いしたのですが、すべて釈迦牟尼仏というお名前だった、と。覚りを開かれた諸仏は全て釈迦牟尼仏だというのです。そして釈迦牟尼仏は即心是仏だというのです。最後のこの節は『修証義』の結論とも言える核心です。

「即心是仏」とは、「心こそ仏である」ということですが、この「心」は千々に乱れる我が心、などと言いますが、その心ではありませんからご注意ください。この乱れている心が仏なのか、と解釈されますととんでもないことです。

時々、そのままでよい、というようなことをおっしゃる僧侶の方もいます。そのままでよい、と言われると本当は安心なさるでしょうが、それはせっかくの目覚めようという芽を摘んでしまう言葉ですから、お気をつけを、と私は考えます。そのままの心は仏ではありません。私があなたになれないようにあなたも私にはなれません。あなたであり、私であることは、そのままでよい、でしょうが、迷い続けているような、そのままのあなたの心でよいということではないようです。

道元禅師曰く「即心是仏とは発心・修行・菩提・涅槃の諸仏なり」また「一刹那に発心修証するも即心是仏なり」と。覚りを求める心を発し、修行し続け、覚りを得て、寂滅に到達した心、この心こそが仏にほかならない、と『正法眼蔵』「即心是仏」巻でおっしゃっています。少し私なりの注釈をつけさせていただけるならば、修行し続ける身心の心こそ仏である、と。「即心是仏というは誰というぞと審細に参究すべし」という『修証義』のこの文言を、菩提心を発し修行し続ければ、あなたも仏である。そう信じて修行し続けていくことこそ道を説いてくださったお釈迦様の御恩に報いることになると受け止めて修行し続けていきたいとあらためて思うのです。

お釈迦様も人間として修行なさって仏となられた姿を、私たちに示してくださったのです。

仏とは、「目覚めた人」「世の中の道理、真理がわかった人」のことです。

ひょっとして、皆さんは、神通力があるような摩訶不思議な力のある存在を「仏」と思ってはいませんでしたか。

あなたも私も、仏になれるあなたであり仏になれる私なのです。今生で駄目なら来世で、来世で無理なら来来世で。道元禅師は「無量劫（限りの無い時間）に発心修行するも即心是仏なり」とおっしゃっています。あきらめることはないようです。仏になりましょう。いつの日か。

道元禅師は『正法眼蔵』「生死」巻で「仏となるに、いとやすきみちあり。もろもろの悪をつくらず、生死に著するこころなく、一切衆生のためにあはれみふかくして、上《かみ》をうやまひ、下《しも》をあはれみ、よろづをいとふこころなく、ねがふ心なくて、心におもふことなく、うれふることなき、これを仏となづく」とおっしゃっています。

しかし、修行し続けなければならないのは、いやだ、とあなたは思っているかもしれませんね。修行はお坊さんに任せましょうか。お坊さんは、出家した以上は、世俗的幸福は求めない姿であり、修行するのは当然のことですから、やはりお坊さんたちにお任せしましょうか。いえ、いいえ、そのお坊さんの修行はそのお坊さんのもの、あなたの修行はあなたのものですから人任せにはできません。

一度の人生、よくぞ仏教に出会いし

仏教は、宗派によって、教えが違いますから、どの教えが正しいのだろうかと悩んでしまわないでしょうか。浄土宗や浄土真宗のように南無阿弥陀仏と称《とな》えれば、救われるという教えほど身近な教えはないかもしれません。曹洞宗の教えももう少し、わかりやすいとよいですね。心底そう思います。実は、曹洞宗でも、「南無釈迦牟尼仏」と称えましょう、とおすすめしているのです。この際申し上げますが、「南無釈迦牟尼仏」と称えるだけでよいでしょう、と私は提案したいです。それは全ての宗派に言えることではないでしょうか。仏教はお釈迦様の御教えなのですから。ただ道が違うというだけで、どの道もお釈迦様に導かれ、お釈迦様に通じている道なのです。

道元禅師も「諸仏まします」と、はっきりとおっしゃっています。これを最も声高にお伝えしたいです。仏様はおわします。お釈迦様はその総代表ですから、「南無釈迦牟尼仏」と掌を合わせ一心にご供養のまことをあらわす、これで十分ではないでしょうか。

私も、多少の苦労をしてきましたが、若い頃は自力で頑張ってきたつもりでしたが、今は「南無釈迦牟尼仏」、私の場合は特に「南無観世音菩薩」と称えながら苦境を歩いています。貴方もお好きな仏様のお名前をお称えくださいませ。お釈迦様は、観音様と称えたからといって、お怒りにはなりません。お地蔵様と称えたからといってお怒りにもなりません。阿弥陀様と称えたからといってお怒りにはなりません。全てお釈迦様に通じています。

どんな苦しいことがあろうが、どんな辛いことがあろうが、「南無釈迦牟尼仏」と無心に掌を合わせてお称えする。それはとりもなおさず、この自分自身の命を拝んでいることにさえなるのではないでしょうか。生かされているこの命の不思議をしみじみと感じつつ、生きていく。明日何があるかわからなくとも、今日を生ききりましょう。自らは、厳しいご修行をなさり「諸仏まします」とお教えくださった道元禅師を信じて、大安楽の道を歩いてまいりましょう。今生の我が身はたしかに一度の人生です。よくぞ仏教に出会いました。

でも世俗的な楽しみを捨てることはありません。世俗的な楽しみを心底楽しめるのは、「南無釈迦牟尼仏」あってこそです。心から人生を楽しむ生き方をしようではありませんか。「光陰は矢よりも迅かなり、身命は露よりも脆し」。お迎えの時を延ばすことは誰にもできないことなのです。お互いに、しみじみとした日送り、命への感謝をもって日送りができますように祈ってやみません。

他人になるべく迷惑をかけず、嫌がられるようなことはしないで、周りの人とは仲良く助け合い、自分だけが正しいと思わずに、何があっても挫けずに、掌を合わせつつあの世まで、人間として生ききりましょう。

自分を取り巻く状況が、いかに苦しかろうとも、心には涼風を。仏界からの涼風を。本師の言葉ですが「人間の尺度の世界は、簡単に言えば必ず行き詰まる世界です。行き詰まらない広い世界、全然評価のない世界、それが宗教の世界なのです」。

こんな世界で遊び暮らして修行して、迷いつつも、共に生き抜いてまいりましょう。

仏の御いのちの中に遊ばせていただいているこの命、生ききって、生ききって、なんとしても生ききって、そうすれば死にきれる。

どうぞ、命の最後まで人の道を学び歩いてまいりましょう、共に。

附巻　『修証義』原文と〝詩訳〟

第一章　総序

第一節　生を明らめ死を明らむるは

生かしていただくことは有難い、
と、みな言うが、
死なしていただけること、有難し、
とどうして言わないのだろう
生きるも死ぬも
仏のいのちの起き伏し
死なしていただけること、有難し
でもね、自分で死ぬこととは違います
事故で突然の死にもなかなかそうは言えません
自然に死なしていただきたいですね

生《しょう》を明《あき》らめ死《し》を明《あき》らむるは仏家《ぶっけ》一大事《いちだいじ》の因縁《いんねん》なり、生死《しょうじ》の中《なか》に仏《ほとけ》あれば生死《しょうじ》なし、但生死《ただしょうじ》即《すなわ》ち涅槃《ねはん》と心得《こころえ》て、生《しょう》死《じ》として厭《いと》うべきもなく、涅槃《ねはん》として欣《ねが》うべきもなし、是時初《このときはじ》めて生死《しょうじ》を離《はな》るる分《ぶん》あり、唯一大事因縁《ただいちだいじいんねん》と究尽《ぐうじん》すべし。

第二節
人身得ること難し

人間に生まれた不思議
この度人間でよかった
猫に言います
今度人間に生まれておいで
そして
仏法を一緒に学ぼうね
私、やっと人間に生まれてきたのよ
もったいないから
大事に生きるね
人間として

人身《にんしん》得ること難《かた》し、仏《ぶっ》法値《ぼうお》うこと希《ま》れなり、今我等《いまわれら》宿善《しゅくぜん》の助《たす》くるに依《よ》りて、已《すで》に受《う》け難《がた》き人身《にんしん》を受《う》けたるのみに非《あら》ず、遇《あ》い難《がた》き仏法《ぶっぽう》に値《あ》い奉《たてまつ》れり、生死《しょうじ》の中《なか》の善生《ぜんしょう》、最勝《さいしょう》の生《しょう》なるべし、最勝《さいしょう》の善身《ぜんしん》を徒《いたず》らにして露命《ろめい》を無常《むじょう》の風《かぜ》に任《まか》すること勿《なか》れ。

第三節

無常憑み難し

癌で余命いくばくもない
という友が言いました
後始末をしていける
時間が持ててよかった、と。
突然の事故で亡くなってしまった
若者たちは
この世の命が終わったことさえ
まだ、わからないかもしれません
名残惜しい
この世での命は
終わってしまったこと
冥福を祈ります

無常憑《むじょうたの》み難《がた》し、知《し》らず露命《ろめい》いかなる道《みち》の草《くさ》にか落《お》ちん、身《み》已《すで》に私《わたくし》に非《あら》ず、命《いのち》は光陰《こういん》に移《うつ》されて暫《しばら》くも停《とど》め難《がた》し、紅顔《こうがん》いずくへか去《さ》りにし、尋《たず》ねんとするに蹤《しょう》跡《せき》なし、熟 観《つらつらかん》ずる所《ところ》に往事《おうじ》の再《ふたた》び逢《お》うべからざる多《おお》し、無常忽《むじょうたちま》ちに到《いた》るときは国王大臣《こくおうだいじん》親暱従僕妻子珍宝《しんじつじゅうぼくさいしちんほう》たすくる無《な》し、唯独《ただひと》り黄泉《こうせん》に趣《おもむ》くのみなり、己《おの》れに随《したが》い行《ゆ》くは只是《ただこ》れ善《ぜん》

第四節
今の世に因果を知らず

親切っていう種を蒔いたら
有難うっていう花が咲いたの
いじわるっていう種を蒔いたら
芽さえでなかったの
愛語っていう種を蒔いたら
お蔭で生きられるっていう花が咲いたの
欲張りっていう種を蒔いたら
芽が出る前にみんな鳥に食べられちゃったの
分かち合いっていう種を蒔いたら
実が増えて増えて両手に一杯になっちゃったの
自分だけは助かりたいって種を蒔いたら

悪業等《なくごうとう》のみなり。

今《いま》の世《よ》に因果《いんが》を知《し》らず業報《ごっぽう》を明《あき》らめず、三世《さんぜ》を知《し》らず、善悪《ぜんなく》を弁《わき》まえざる邪見《じゃけん》の党侶《ともがら》には群《ぐん》すべからず、大凡因《おおよそいん》果《が》の道理《どうり》歴然《れきねん》として私《わたくし》なし、造悪《ぞうあく》の者《もの》は堕《お》ち修善《しゅぜん》の者《もの》は陞《のぼ》る、毫釐《ごうり》も忒《たが》わざるなり、若《も》し因果《いんが》亡《ぼう》じて虚《むな》しからんが如《ごと》きは、諸仏《しょぶつ》の出世《しゅつせ》あるべからず、祖師《そし》の西来《せいらい》あるべからず。

仏様の憐みの涙が
みんな一緒に助かろうねって
そんな種に変えてくれました

第五節
善悪の報に三時あり

現世の報い
来世の報い
来来世来来来世の報い
善くも悪くも
いついつまでも
不可視の世界は
ごまかしようのない
エネルギーで
満ち溢れているのです

善悪《ぜんなく》の報《ほう》に三時《さんじ》あり、一者《ひとつには》順現報受《じゅんげんほうじゅ》、二者《ふたつには》順次生受《じゅんじしょうじゅ》、三者《みつには》順後次《じゅんごじ》受《じゅ》、これを三時《さんじ》という、仏祖《ぶっそ》の道《どう》を修習《しゅじゅう》するには、其最初《そのさいしょ》より斯三時《このさんじ》の業報《ごっぽう》の理《り》を効《なら》い験《あき》らむるなり、爾《しか》あらざれば多《おお》く錯《あやま》りて邪見《じゃけん》に堕《お》つるなり、但邪見《ただじゃけん》に堕《お》つるのみに非《あら》ず、悪道《あくどう》

第六節
今生の我身二つ無し

大事な大事な私のいのち
大事な大事なあなたのいのち
かけがえのないいのちです
大事に大事に生きましょう

に堕《お》ちて長時《ちょうじ》の苦《く》を受《う》く。

当《まさ》に知《し》るべし今生《こんじょう》の我《わが》身《み》二《ふた》つ無《な》し、三《み》つ無《な》し、徒《いたず》らに邪見《じゃけん》に堕《お》ちて虚《むなし》く悪業《あくごう》を感得《かんとく》せん、惜《おし》からざらめや、悪《あく》を造《つく》りながら悪《あく》に非《あら》ずと思《おも》い、悪《あく》の報《ほう》あるべからずと邪思惟《じゃしゆい》するに依《よ》りて悪《あく》の報《ほう》を感得《かんとく》せざるには非《あら》ず。

第二章　懺悔滅罪

第七節
仏祖憐みの余り広大の慈門を

悪人も懺悔すれば慈門開き
善人も懺悔すれば慈門開き
あなたも救われます
悪人でもね
あなたも救われます
善人でもね
みんな救われます

でも、自分の非を見ることほど
困難なことはないでしょう

仏祖《ぶっそ》憐《あわれ》みの余《あま》り広大《こうだい》の慈門《じもん》を開《ひら》き置《お》けり、是《こ》れ一切衆生《いっさいしゅじょう》を証入《しょうにゅう》せしめんが為《た》めなり、人天《にんでん》誰《たれ》か入《い》らざらん、彼《か》の三時《さんじ》の悪業報《あくごっぽう》必《かなら》ず感《かん》ずべしと雖《いえど》も、懺悔《さんげ》するが如《ごと》きは重《おも》きを転《てん》じて軽受《けいじゅ》せしむ、又《また》滅罪《めつざい》清《しょう》浄《じょう》ならしむるなり。

生きていること自体
懺悔、懺悔
そして感謝、感謝

第八節
然あれば誠心を専らにして

心から御仏の御前で
懺悔します
完璧な人なんていないから
懺悔すること一杯あります
頭をかかえて布団をかぶって押し入れの中で
泣いているより
仏様の前で
いたらないあのことこのことを懺悔します

然《しか》あれば誠心《じょうしん》を専《もっぱ》らにして前仏《ぜんぶつ》に懺悔《さんげ》すべし、恁麼《いんも》するとき前仏懺悔《ぜんぶつさんげ》の功徳力《くどくりき》我《われ》を拯《すく》いて清《しょう》浄《じょう》ならしむ、此功徳《このくどく》能《よ》く無礙《むげ》の浄信精進《じょうしんしょうじん》を生《しょう》長《ちょう》せしむるなり、浄信《じょうしん》一現《いちげん》するとき、自《じ》他同《たおなじ》く転《てん》ぜらるるなり、其《その》利《り》益《やく》普《あま》ねく情非情《じょうひじょう》に蒙《こう》

懺悔した後の気持ち良さ
仏様と人間のコラボレーションで
清浄世界が現れるのです
誠実な心こそ、仏界までにも通じる
ひとすじのエネルギーです
さんざん不誠実な人間に苦しめられた
人はそれを知っていることでしょう

第九節
其大旨は、願わくは

諸仏諸祖
我をあわれみ
功徳満ち溢れたる法門に
我等を救い入れたまえり
我等に慈悲をたれたまえり

ぶらしむ。

其大旨《そのだいし》は、願《ねが》わくは我《わ》れ設《たと》い過去《かこ》の悪業《あくごう》多《おお》く重《かさ》なりて障道《しようどう》の因縁《いんねん》ありとも、仏道《ぶつどう》に因《よ》りて得道《とくどう》せりし諸仏諸祖《しよぶつしよそ》我《われ》を愍《あわれ》みて業累《ごうるい》を解脱《げだつ》せしめ、学道《がくどう》障《さわ》り無《な》から

我等もまた
仏になるために
人間として生まれたのです

第十節
我昔所造諸悪業

はるか昔より積み重ねてきた
諸々の悪のはたらき
貪り瞋り無痴のしわざ
身と口と意のなせるところ
一切をお詫び申し上げます
未完成の人間である限り

しめ、其功徳法門普《そのくどくほうもんあま》ね く無尽法界《むじんほっかい》に充満弥綸《じゅうまんみりん》せらん哀《あわれ》みを我《われ》に分布《ぶんぶ》すべし、仏祖《ぶっそ》の往昔《おうしゃく》は吾等《われら》なり、吾等《われら》が当来《とうらい》は仏祖《ぶっそ》ならん。

我昔所造諸悪業《がしゃくしょぞうしょあくごう》、皆由《かいゆう》無始貪瞋痴《むしとんじんち》、従身口意《じゅうしんくい》之所生《ししょしょう》、一切我今皆懺悔《いっさいがこんかいさんげ》、是《かく》の如《ごと》く懺悔《さんげ》すれば必《かなら》ず仏祖《ぶっそ》の冥助《みょうじょ》あるなり、心念身儀発露白仏《しんねんしんぎほつろびゃくぶつ》すべし、発露《ほつろ》の力《ちから》罪根《ざいこん》をして銷殞《しょういん》せしむる

山ほどある諸々の
しまったという行い
ことごとく懺悔すれば
光明世界の只中のあなたです

第三章　受戒入位

第十一節
次には深く仏法僧

仏様の
その教えを
修行しつづけ
法灯のバトンを
伝え続けてくださった仏祖
三宝に掌を合わせれば

なり。

次《つぎ》には深《ふか》く仏法僧《ぶっぽうそう》の三《さん》宝《ぼう》を敬《うやま》い奉《たてまつ》るべし、生《しょう》を易《か》え身《み》を易《か》えても三《さん》宝《ぼう》を供養《くよう》し敬《うやま》い奉《たてまつ》らんことを願《ねご》うべし、西天《さいてん》東土《とうど》仏祖《ぶっそ》正伝《しょうでん》する所《ところ》は恭敬仏法僧《くぎょうぶっぽうそう》なり。

なんとか生きられそうな
気がしてきます
苦しんでいる　あなた
生きられますよ
生きてください
南無帰依仏
南無帰依法
南無帰依僧

第十二節
若し薄福少徳の衆生

仏様というお方を知ったこと
法という教えを知ったこと
僧というお方に出会ったこと
誰でも仏法僧のこと

若《も》し薄福少徳《はくふくしようとく》の衆生《しゆじよう》は三宝《さんぼう》の名字《みようじ》猶《な》お聞《き》き奉《たてまつ》らざるなり、何《いか》に況《いわん》や帰依《きえ》し奉《たてまつ》ることを得《え》んや。徒《いたず》らに所逼《しよひつ》を怖《おそ》れて山神鬼神等《さんじんきじんとう》に帰依《きえ》し、

知っていると思っていたけど
知らない人が
この世にたくさんいました
知ったあなたは幸せ者
仏法僧は
この世を生き抜く
お宝です

第十三節
其帰依三宝とは

どんなに暗い道であっても
どんなに辛い道であっても
挫けてしまいそうなときであっても
死にたくなってしまったときでも

或《ある》いは外道《げどう》の制多《せいた》に帰《き》依《え》すること勿《なか》れ、彼《かれ》は其帰依《そのきえ》に因《よ》りて衆苦《しゅく》を解脱《げだつ》すること無《な》し、早《はや》く仏法僧《ぶっぽうそう》の三宝《さんぼう》に帰依《きえ》し奉《たてまつ》りて、衆苦《しゅく》を解脱《げだつ》するのみに非《あら》ず菩提《ぼだい》を成就《じょうじゅ》すべし。

其帰依三宝《そのきえさんぼう》とは正《まさ》に浄《じょう》信《しん》を専《もっぱ》らにして或《ある》いは如来現在世《にょらいげんざいせ》にもあれ、或《ある》いは如来滅後《にょらいめつご》にもあれ、合掌《がっしょう》し低頭《ていず》して口《くち》に唱《とな》えて云《いわ》く、南無《なむ》帰《き》

南無帰依仏
南無帰依法
南無帰依僧
さあ、これから
スタートです
仏の御子のスタートです

依《え》仏《ぶつ》、南《な》無《む》帰《き》依《え》法《ほう》、南《な》無《む》帰《き》依《え》僧《そう》、仏《ほとけ》は是《こ》れ大《だい》師《し》なるが故《ゆえ》に帰《き》依《え》す、法《ほう》は良薬《りようやく》なるが故《ゆえ》に帰《き》依《え》す、僧《そう》は勝友《しようゆう》なるが故《ゆえ》に帰《き》依《え》す、仏弟子《ぶつでし》となること必《かなら》ず三帰《さんき》に依《よ》る、何《いず》れの戒《かい》を受《う》くるも必《かなら》ず三帰《さんき》を受《う》けて其《その》後諸戒《のちしよかい》を受《う》くるなり、然《しか》あれば則《すなわ》ち三帰《さんき》に依《よ》りて得戒《とくかい》あるなり。

第十四節
此帰依仏法僧の功徳

帰依仏法僧の功徳は
いつの日か覚りに
導くと

道元禅師様のお言葉
信じるということは
やみくもに従うこととは違います
我欲を捨て
執着を解き放し
教えに従って生きるとき
仏の御いのちの信仰が
生まれるのです

此帰依仏法僧《このきえぶっぽうそう》の功徳《くどく》、必《かなら》ず感応道交《かんのうどうこう》する時成《ときじよう》就《じゆ》するなり、設《たと》い天上《てんじよう》人間地獄鬼畜《にんげんじごくきちく》なりと雖《いえど》も、感応道交《かんのうどうこう》すれば必《かなら》ず帰依《きえ》し奉《たてまつ》るなり、已《すで》に帰依《きえ》し奉《たてまつ》るが如《ごと》きは生生世世在在処処《しようじようせせざいざいしよしよ》に増長《ぞうちよう》し、必《かなら》ず積功累徳《しやくくるいとく》し、阿耨多羅三藐三菩《あのくたらさんみやくさんぼ》提《だい》を成就《じようじゆ》するなり、知《し》るべし三帰《さんき》の功徳其《くどくそ》れ最尊最上甚深不可思議《さいそんさいじようじんじんふかしぎ》なりということ、世《せ》尊已《そんすで》に証明《しようみよう》しまします、

第十五節

次には応に三聚浄戒を
次には応に十重禁戒を

全ての悪はいたしません
全ての善を行います
全ての人々を救います
これができれば仏様ですね

けっして殺しはいたしません
けっして盗みはいたしません
けっして不倫はいたしません
けっして嘘は言いません
けっしてお酒は飲みません

衆生《しゆじよう》当《まさ》に信受《しんじゆ》すべし、
次《つぎ》には応《まさ》に三聚浄戒《さんじゆじようかい》を受《う》け奉《たてまつ》るべし、第一摂《だいいちしよう》律儀戒《りつぎかい》、第二摂善法戒《だいにしようぜんぼうかい》、第三摂衆生戒《だいさんしようしゆじようかい》なり、次《つぎ》には応《まさ》に十重禁戒《じゆうじゆうきんかい》を受《う》け奉《たてまつ》るべし、第一不殺《だいいちふせつ》生戒《しようかい》、第二不偸盗戒《だいにふちゆうとうかい》、第三不邪婬戒《だいさんふじやいんかい》、第四不《だいしふ》妄語戒《もうごかい》、第五不酤酒戒《だいごふこしゆかい》、第六不説過戒《だいろくふせつかかい》、第七不《だいしちふ》自讃毀佗戒《じさんきたかい》、第八不慳《だいはちふけん》法財戒《ほうざいかい》、第九不瞋恚戒《だいくふしんいかい》、第十不謗三宝戒《だいじゆうふほうさんぼうかい》なり、

けっして他人の咎をせめません
けっして自己自慢はしませんし、
他人を見下すことはいたしません
けっして人に施すことを惜しみません
けっして怒りは起こしません
けっして仏法僧の悪口を言いません
戒は仏さまが導いてくださる灯りなのです

第十六節
受戒するが如きは

灯りをしめされて
歩いていく道
諸仏の御子の
私たちの道です
生かされている天地宇宙の只中を

上来三帰《じょうらいさんき》、三聚浄戒《さんじゅじょうかい》、十重禁戒《じゅうじゅうきんかい》、是《こ》れ諸仏《しょぶつ》の受持《じゅじ》したまう所《ところ》なり。

受戒《じゅかい》するが如《ごと》きは、三《さん》世《ぜ》の諸仏《しょぶつ》の所証《しょしょう》なる阿《あ》耨多羅《のくたら》三藐三菩提《さんみゃくさんぼだい》金剛《こんごう》不壊《ふえ》の仏果《ぶつか》を証《しょう》するなり、誰《たれ》の智人《ちにん》か欣求《ごんぐ》せざらん、世尊《せそん》明《あき》らかに一切衆生《いっさいしゅじょう》の為《ため》に示《しめ》しま

人間として生きる灯りを
ゲットした私たちです

第十七節　諸仏の常に此中に住持たる

仏に灯りを示されて
歩いている私たち
仏の御子の
私たちです
なにもおそれはありません
仏の戒は
慈悲という名の灯りでした

します、衆生仏戒《しゅじょうぶっかい》を受《う》くれば、即《すなわ》ち諸仏《しょぶつ》の位《くらい》に入《い》る、位大覚《くらいだいがく》に同《おなじ》うし已《おわ》る、真《まこと》に是《こ》れ諸仏《しょぶつ》の子《みこ》なりと。

諸仏《しょぶつ》の常《つね》に此中《このなか》に住持《じゅうじ》たる、各各《かくかく》の方面《ほうめん》に知《ち》覚《かく》を遺《のこ》さず、群生《ぐんじょう》の長《とこしな》えに此中《このなか》に使《し》用《よう》する、各各《かくかく》の知《ち》覚《かく》に方面《ほうめん》露《あらわ》れず、是時《このとき》十方法界《じっぽうほっかい》の土《と》地草木牆壁瓦礫皆仏事《ちそうもくしょうへきがりゃくみなぶつじ》を作《な》すを以《もっ》て、其起《そのおこ》す所《ところ》の風水《ふうすい》の利益《りやく》に預《あずか》る

第四章　発願利生

第十八節
菩提心を発すというは

仏の御子は
生きとし生ける
一切衆生を
仏界に

輩《ともがら》、皆《みな》甚妙不可思議《じんみょうふかしぎ》の仏化《ぶっけ》に冥資《みょうし》せられて親《ちか》き悟《さとり》を顕《あら》わす、是《これ》を無《む》為《い》の功徳《くどく》とす、是《これ》を無《む》作《さ》の功徳《くどく》とす、是《こ》れ発《ほっ》菩提心《ぼだいしん》なり。

菩提心《ぼだいしん》を発《おこ》すというは、己《おの》れ未《いま》だ度《わた》らざる前《さき》に一切衆生《いっさいしゅじょう》を度《わた》さんと発《ほっ》願《がん》し営《いとな》むなり、設《たと》い在《ざい》家《け》にもあれ、設《たと》い出家《しゅっけ》にもあれ、或《あるい》は天上《てんじょう》に

お連れすることが
願いです
仏の灯りを伝えることです
この願いが
菩提心という名前です
この願いが私たち自身を
救ってくださるのです

第十九節
其形陋しというとも

七歳の女の子でも
菩提心をおこせば
人々の導師
男とか女とか
関係ないと

もあれ、或《あるい》は人間《にんげん》にもあれ、苦《く》にありというとも楽《らく》にありというとも、早《はや》く自未得度先度《じみとくどせんど》他《た》の心《こころ》を発《おこ》すべし。

其形陋《そのかたちいや》しというとも、此心《このこころ》を発《おこ》せば、已《すで》に一《いっ》切衆生《さいしゅじょう》の導師《どうし》なり、設《たと》い七歳《しちさい》の女流《にょりゅう》なりとも即《すなわ》ち四衆《ししゅ》の導師《どうし》なり、衆生《しゅじょう》の慈父《じふ》なり、男女《なんにょ》を論《ろん》ずること勿《なか》れ、此《こ》

女性差別の愚かさを
道元禅師は
すでに唱えていてくれました
ご存じでしたか
鎌倉時代の多くの祖師方は
ジェンダーフリーの旗手でした

第二十節
若し菩提心を発して後

たとえどんな目にあっても
ひとたびおこした菩提心は
地獄の果てまで
なくなりません
いのちの終わらないうちに
急いで菩提心をおこしなさい

れ仏道極妙《ぶつどうごくみょう》の法則《ほうそく》なり。

若《も》し菩提心《ぼだいしん》を発《おこ》して後《のち》、六趣四生《ろくしゅししょう》に輪転《りんでん》すと雖《いえど》も、其輪転《そのりんでん》の因縁《いんねん》皆《みな》菩《ぼ》提《だい》の行願《ぎょうがん》となるなり、然《しか》あれば従来《じゅうらい》の光陰《こういん》は設《たと》い空《むなし》く過《すご》すというとも、今生《こんじょう》の未《いま》だ過《す》ぎざる際《あい》だに急《いそ》ぎて発願《ほつがん》す

と、道元禅師から
時空を超えてのメッセージです

第二十一節
衆生を利益するというは四枚の般若あり

布施

べし、設《たと》い仏《ほとけ》に成《な》るべき功徳《くどく》熟《じゅく》して円満《えんまん》すべしというとも、尚《な》お廻《めぐ》らして衆生《しゅじょう》の成仏得道《じょうぶつとくどう》に回向《えこう》するなり、或《あるい》は無量劫行《むりょうごうおこな》いて衆生《しゅじょう》を先《さき》に度《わた》して自《みずか》らは終《つい》に仏《ほとけ》に成《な》らず、但《ただ》し衆生《しゅじょう》を度《わた》し衆生《しゅじょう》を利益《りやく》するもあり。

衆生《しゅじょう》を利益《りやく》すというは四枚《しまい》の般若《はんにゃ》あり、一者《ひとつには》布施《ふせ》、二者《ふたつには》愛語《あいご》、三者《みつには》

人々のお役にたつ仏行です
仏弟子としての仏行です
与えるばかりが布施ではありません
欲張らないのも布施なのです
天からの頂きものを分け合うことが
布施なのです

たまたまのめぐりあわせで
たくさんの財産のできた人
たまたまのめぐりあわせで
ホームレスになってしまった人

みな、天の命を頂いて
この世に生まれた一人一人
助けられたり助けたり

利行《りぎょう》、四者同事《よつにはどうじ》、是《こ》れ則《すなわ》ち薩埵《さった》の行願《ぎょうがん》なり、其布施《そのふせ》というは貪《むさぼ》らざるなり、我物《わがもの》に非《あら》ざれども布施《ふせ》を障《さ》えざる道《どう》理《り》あり、其物《そのもの》の軽《かろ》きを嫌《きら》わず、其功《そのこう》の実《じつ》なるべきなり、然《しか》あれば則《すなわ》ち一句《いっく》一偈《いちげ》の法《ほう》をも布《ふ》施《せ》すべし、此生佗生《ししょうたしょう》の善種《ぜんしゅ》となる、一銭一草《いっせんいっそう》の財《たから》をも布施《ふせ》すべし、此世佗世《しせたせ》の善根《ぜんごん》を兆《きざ》す、法《ほう》も財《たから》なるべし、財《たから》も法《ほう》なるべし、但彼《ただかれ》が報《ほう》謝《しゃ》を貪《むさぼ》らず、自《みずか》らが力《ちから》

第二十二節
愛語というは

慈愛に溢れた言葉を
赤子に話しかけるよう
赤子にもわかるように

聖フランチェスコが聞いた
神の声は
放蕩息子が大回心した
神の愛語

を頒《わか》つなり、舟《ふね》を置《お》き
橋《はし》を渡《わた》すも布施《ふせ》の檀度《だんど》
なり、治生産業固《ちしようさんぎようもと》より
布施《ふせ》に非《あら》ざること無《な》し。

愛語《あいご》というは、衆生《しゆじよう》を
見《み》るに、先《ま》ず慈愛《じあい》の心《こころ》
を発《おこ》し、顧愛《こあい》の言語《ごんご》を
施《ほどこ》すなり、慈念衆生猶《じねんしゆじようゆう》
如赤子《によしやくし》の懐《おも》いを貯《たくわ》えて
言語《ごんご》するは愛語《あいご》なり、
徳《とく》あるは讃《ほ》むべし、徳《とく》
なきは憐《あわれ》むべし、怨敵《おんてき》
を降伏《ごうぶく》し、君子《くんし》を和睦《わぼく》
ならしむること愛語《あいご》を

菩薩の私たちも
人を助けるそんな愛語を
決して耳に甘いばかりの
言葉ではありません
真実語です

第二十三節
利行というは

人を利する行い
人を助ける行い
菩薩の利行は
お返しを期待しません
なぜっていえば

根本《こんぽん》とするなり、面《むか》いて愛語《あいご》を聞《き》くは面《おもて》を喜《よろこ》ばしめ、心《こころ》を楽《たの》しくす、面《むか》わずして愛語《あいご》を聞《き》くは肝《きも》に銘《めい》じ魂《たましい》に銘《めい》ず、愛語《あいご》能《よ》く廻天《かいてん》の力《ちから》あることを学《がく》すべきなり。

利行《りぎよう》というは貴賤《きせん》の衆《しゆ》生《じよう》に於《お》きて利益《りやく》の善巧《ぜんぎよう》を廻《めぐ》らすなり、窮亀《きゆうき》を見《み》病雀《びようじやく》を見《み》しとき、彼《かれ》が報謝《ほうしや》を求《もと》めず、唯単《ただひと》えに利行《りぎよう》に催《もよ》おさるるなり、愚人《ぐにん》謂《おも》わくは利《り》

こちらこそ幸せな気持ち

仏さまは全ての衆生の幸せを願ったお方です
利他行のチャンピオンはお釈迦様です

第二十四節
同事というは不違なり

その人の身になって
悲しみも
苦しみも
楽しみも
喜びも
騙されないということも
大事な慈悲です

佗《た》を先《さき》とせば自《みず》からが利《り》省《はぶ》かれぬべしと、爾《しか》には非《あら》ざるなり、利行《りぎょう》は一法《いっぽう》なり、普《あま》ねく自佗《じた》を利《り》するなり。

同事《どうじ》というは不違《ふい》なり、自《じ》にも不違《ふい》なり、佗《た》にも不違《ふい》なり、譬《たと》えば人《にん》間《げん》の如来《にょらい》は人間《にんげん》に同《どう》ぜるが如《ごと》し、佗《た》をして自《じ》に同《どう》ぜしめて後《のち》に自《じ》をして佗《た》に同《どう》ぜしむる道《どう》理《り》あるべし、自佗《じた》は時《とき》に随《したご》うて無窮《むきゅう》なり、海《うみ》

同事のチャンピオンもお釈迦様です

第二十五節

大凡菩提心の行願には

覚りを求める心
実践すれば現れる仏性
誓願すれば湧き出《い》でる仏性
菩薩の本性は仏性

仏性は誰にでもあるとは
よく言いますが
実践しなければ
現れません

の水《みず》を辞《じ》せざるは同事《どうじ》なり、是故《このゆえ》に能《よ》く水聚《みずあつま》りて海《うみ》となるなり。

大凡《おおよそ》菩提心《ぼだいしん》の行願《ぎょうがん》には是《かく》の如《ごと》くの道理《どうり》静《しず》かに思惟《しゆい》すべし、卒爾《そつじ》にすること勿《なか》れ、済度摂受《さいどしょうじゅ》に一切衆生皆化《いっさいしゅじょうみなけ》を被《こう》ぶらん功徳《くどく》を礼拝恭敬《らいはいくぎょう》すべし。

実践すれば誰にでも
涌き出ずる仏性です

第五章　行持報恩

第二十六節
此発菩提心、多くは南閻浮の人身に

苦しみのある世の中だから
覚りを求めて人々を救いたいと願う心を
おこすことができるのです
一生
悲しみ苦しみがなかったならば
菩提心をおこすことができないのです
それでは

此発菩提心《このほつぼだいしん》、多《おお》くは南《なん》閻浮《えんぶ》の人身《にんしん》に発心《ほっしん》すべきなり、今是《いまかく》の如《ごと》くの因縁《いんねん》あり、願生此娑婆《がんしょうししゃば》国土《こくど》し来《きた》れり、見釈迦《けんしゃか》牟尼仏《むにぶつ》を喜《よろこ》ばざらんや。

悲しみ苦しみは
仏界からのプレゼントでしょうか
人間としてこの世に生まれてくることは
なかなか厳しいものですね

それでも願ってこの世に生まれてきた
私たちです

第二十七節
静かに憶うべし、正法世に流布せざらん時は

お釈迦様が正法を
教えてくださったから
この上ないまことの覚りを
もとめる心をおこすことができるのです
この覚りを得るためのまことの智慧を

静《しず》かに憶《おも》うべし、正法《しょうぼう》
世《よ》に流布《るふ》せざらん時《とき》は、
身命《しんめい》を正法《しょうぼう》の為《ため》に抛捨《ほうしゃ》
せんことを願《ねご》うとも値《お》
うべからず、正法《しょうぼう》に逢《お》
う今日《こんにち》の吾等《われら》を願《ねご》うべ
し、見《み》ずや、仏《ほとけ》の言《のたま》わ

般若というのです
まことの智慧とは
（みんな我欲も執着もあるでしょうけれどね）
我欲を放ち
執着を放ち
生きる

お釈迦様に
こんな生き方を教えていただいた
私たちです

第二十八節
今の見仏聞法は

お釈迦様のことを知り

く、無上菩提《むじょうぼだい》を演説《えんぜつ》する師《し》に値《あ》わんには、種《しゅ》姓《しょう》を観《かん》ずること莫《なか》れ、容顔《ようがん》を見《み》ること莫《なか》れ、非《ひ》を嫌《きら》うこと莫《なか》れ、行《おこな》いを考《かんが》うること莫《なか》れ、但《ただ》般若《はんにゃ》を尊重《そんじゅう》するが故《ゆえ》に、日日三時《にちにちさんじ》に礼拝《らいはい》し、恭敬《くぎょう》して、更《さら》に患悩《げんのう》の心《こころ》を生《しょう》ぜしむること莫《なか》れと。

今《いま》の見仏聞法《けんぶつもんぼう》は仏祖《ぶっそ》面《めん》面《めん》の行持《ぎょうじ》より来《きた》れる慈《じ》恩《おん》なり、仏祖《ぶっそ》若《も》し単伝《たんでん》

お釈迦様の教えを聞くことができるのは
伝えてきてくださった
僧侶の方々の修行のお蔭です
教えのバトンが引き継がれてきたお蔭です

正伝の仏法とは
いただいた命を知ること
生かすこと

雀や亀さえ忘れない
いただいた恩に報いること

このバトンを次に渡していくのが
この御恩に報いる誠です

せずば、奈何《いか》にしてか今日《こんにち》に至《いた》らん、一句《いっく》の恩尚《おんな》お報謝《ほうしゃ》すべし、一法《いっぽう》の恩尚《おんな》お報謝《ほうしゃ》すべし、況《いわん》や正法眼蔵無上大法《しょうぼうげんぞうむじょうだいほう》の大恩《だいおん》これを報謝《ほうしゃ》せざらんや、病雀尚《びょうじゃくな》お恩《おん》を忘《わす》れず三府《さんぷ》の環能《かんよ》く報謝《ほうしゃ》あり、窮亀尚《きゅうきな》お恩《おん》を忘《わす》れず、余不《よふ》の印能《いんよ》く報謝《ほうしゃ》あり。畜類尚《ちくるいな》お恩《おん》を報《ほう》ず、人類争《じんるいいかで》か恩《おん》を知《し》らざらん。

第二十九節
其報謝は余外の法は中るべからず

報恩感謝の毎日は
コツコツ修行の一刻一刻
コツコツ布施行できるだけ
コツコツ愛語をこころがけ
コツコツ利行誠を尽くし
コツコツ同事手を携えて

これは仏の道なるか
問いかけ問いかけ
歩む道

嵐の中も歩む道
落とし穴に落ちたとしても

其報謝《そのほうしゃ》は余外《よげ》の法《ほう》は中《あた》るべからず、唯当《ただまさ》に日《にち》日《にち》の行持《ぎょうじ》、其報謝《そのほうしゃ》の正《しょう》道《どう》なるべし、謂《いわ》ゆるの道理《どうり》は日日《にちにち》の生命《せいめい》を等《なお》閑《ざり》にせず、私《わたくし》に費《ついや》さざらんと行持《ぎょうじ》するなり。

御仏の守りのなかです
気を落とさずに
人間として誠を尽くし
報恩感謝の毎日を

第三十節
光陰は矢よりも迅かなり、身命は露よりも脆し

仏の教えに耳を傾け
仏の教えに従って生きる
それが
朝露のように儚いいのちでも
永遠のいのちを生きられる
魔法の生き方です

光陰《こういん》は矢《や》よりも迅《すみや》かなり、身命《しんめい》は露《つゆ》よりも脆《もろ》し、何《いず》れの善巧方便《ぜんぎょうほうべん》ありてか過《す》ぎにし一日《いちにち》を復《ふたた》び還《かえ》し得《え》たる、徒《いたず》らに百歳《ひゃくさい》生けらんは恨《うら》むべき日月《じつげつ》なり、悲《かな》しむべき形骸《けいがい》なり、設《たと》い百《ひゃく》歳《さい》の日月《じつげつ》は声色《しょうしき》の奴婢《ぬび》と馳走《ちそう》すとも、其中一《そのなかいち》

日《にち》の行持《ぎょうじ》を行取《ぎょうしゅ》せば一《いっ》生《しょう》の百歳《ひゃくさい》を行取《ぎょうしゅ》するのみに非《あら》ず、百歳《ひゃくさい》の佗生《たしょう》をも度取《どしゅ》すべきなり、此一日《このいちにち》の身命《しんめい》は尊《とうと》ぶべき身命《しんめい》なり、貴《とうと》ぶべき形骸《けいがい》なり、此行持《このぎょうじ》あらん身心《しんじん》自《みず》からも愛《あい》すべし、自《みず》からも敬《うやも》うべし、我等《われら》が行持《ぎょうじ》に依《よ》りて諸《しょ》仏《ぶつ》の行持見成《ぎょうじげんじょう》し、諸仏《しょぶつ》の大道通達《だいどうつうだつ》するなり、然《しか》あれば即《すなわ》ち一日《いちにち》の行《ぎょう》持《じ》是《これ》諸仏《しょぶつ》の種子《しゅし》なり、諸仏《しょぶつ》の行持《ぎょうじ》なり。

第三十一節

謂ゆる諸仏とは釈迦牟尼仏なり

過去現在未来の仏
百千億の釈迦牟尼仏
あなたもその一仏
わたしもその一仏
諸々の悪をなすことなく
諸々の善をおこない
みずからの意を浄くする
これが御仏の教えです
これが仏になる教え
仏になることをめざして
人間を生ききりましょう
人間の道を歩いていきましょう。

謂《いわ》ゆる諸仏《しょぶつ》とは釈迦牟《しゃかむ》尼仏《にぶつ》なり、釈迦牟尼仏《しゃかむにぶつ》是《こ》れ即心是仏《そくしんぜぶつ》なり、過《か》去現在未来《こげんざいみらい》の諸仏《しょぶつ》、共《とも》に仏《ほとけ》と成《な》る時《とき》は必《かなら》ず釈《しゃ》迦牟尼仏《かむにぶつ》と成《な》るなり、是《こ》れ即心是仏《そくしんぜぶつ》なり、即《そく》心是仏《しんぜぶつ》というは誰《たれ》というぞと審細《しんさい》に参究《さんきゅう》すべし、正《まさ》に仏恩《ぶつおん》を報《ほう》ずるにてあらん。

あとがき

この一冊は、『曹洞禅グラフ』（仏教企画発行）の一一五号から一三〇号（平成二十三年から平成二十六年）まで、四年にわたって連載された拙稿をもとにまとめたものです。読み返してみますと、考え足りない点や間違って訳していた箇所など多々気が付きまして、連載時とはだいぶ違うものとなりました。

『修証義』は、はじめ『洞上在家修証義』という題のもとに編輯されました。この題が示すように、もともとは、在家の方に、曹洞宗の教えをお伝えすることを目的として編輯された経典です。

序説に書いておきましたが、明治二十一年（一八八八）に、大内青巒（一八四五〜一九一八）という在家の居士が中心となって編輯・出版され、それをもとにして、永平寺六十三世滝谷琢宗禅師（一八三六〜一八九七）と、總持寺独住二世畔上楳仙禅師（一八二五〜一九〇一）がさらに再編輯の手を入れまして、明治二十三年（一八九〇）に『曹洞教会修証義』と改名して公布されました。現在では『修証義』と題されています。

『修証義』という題が、すでに宗祖道元禅師様の教えの根本を表しています。『正法眼蔵』「弁道話」巻に「修証これ一等なり」と書かれていますが、端的に言いますと、修行するところに証《さとり》が現れている、修行と証は不二である、ということです。そうしてどのように修行したらよいかということを、「懺悔滅罪」「受戒入位」「発願利生」「行持報恩」の四大綱領として示されています。曹洞宗だけに限らず仏道修行を学ぶ上で、よき指針となるでしょう。

滝谷禅師は、出家者の安心《あんじん》（仏法によって得た安らぎの境地）も考えて編輯しなおされましたが、在家の方の救済を願っての感が強いと思います。『修証義』が編輯された明治の初期は、「在家化導」という表現が盛んに使われ、在家の方々に対して、どのように曹洞宗の教えを説いていくかということが、曹洞宗でも喫緊の課題とされていた時代です。

そこで大内青巒居士が、『正法眼蔵』や『正法眼蔵随聞記』など道元禅師の著述の中から、「懺悔滅罪」「受戒入位」「発願利生」「行持報恩」の内容に合うように、文言を選り出して『洞上在家修証義』を編輯しました。はじめにそれをなした大内青巒居士の功績は、大きいと言えましょう。またさらにそれを原型として、『正法眼蔵』を参究し尽くされた滝谷禅師が、大幅な修正の手を加え、編輯しなおされました。『正法眼蔵』の処々から引き出されてきた文言ですが、どれも道元禅師の珠玉の文言で綴られています。また、珠玉の文言の数々を、四大綱領に当てはめて編輯された滝谷禅師や畔上禅師、大内青巒居士のご苦労を忘れてはならないと思います。反論もあるでしょうが、筆者はこれほど見事なパッチワークはないだろうと思っています。『修証義』を縁として、道元禅師の『正法眼蔵』に親しみ、珠玉の教えの森の中に入っていけるのもよいのではないでしょうか。

滝谷禅師は、出家・在家の安心の指針書という視点から、編輯しなおされたのですが、『修証義』の中では、具体的には坐禅について述べられていません。坐禅を教えの根本とする曹洞宗として、この宗典に、坐禅のことが具体的に書かれていない点について批判もありますが、坐禅については、道元禅師の『正法眼蔵』「坐禅儀」「坐禅箴」巻に限らず、他の諸巻や、『普勧坐禅儀』等から学ばせていただくほうがよりよいのではないかと考えます。坐禅は只管《ひたすら》に坐る修行ですが、一概に説くことは至難の技であることを、滝谷禅師は知り尽くされていますので、あえて『修証義』の中に入れなかったのではなかろうかと推察しているのですが、この愚見については、ご批判もあるかと思います。岡田宜法著になる『修証義編纂史』にもその辺の消息が書いてありませんので、筆者も引き続き、この点については参究をしていきたい所存です。禅戒一如ということも言いますが、ここではこのことについては煩雑になりますので、不問としたいと思います。

『修証義』解説者の一人としまして、やはり在家の方々への安心の書という視点から、大切に学ばせていただきたいと存じます。坐禅の点にこだわらなければ、もちろん出家の方の安心として学んでいただくことは全く問題のないところです。

坐禅についてですが、筆者も二十代から坐禅会によく参加し、坐禅、坐禅と坐禅こそ大事と、坐ってきましたが、一つ言えることは、必ずしかるべき先達の下で坐らせていただくことが大事だと思います。自己流は慢心を呼びますから気を付けなくてはなりません。

内山興正老師は「ものたりよう、ものたりようと、自分がものたりさえすればいいと思っている。ところが仏法はそうではない」とおっしゃいましたが、自分のものたりようのために坐るような坐禅は仏法の坐禅ではないでしょう。言い換えるならば仏道修行は自己満足のためではないと言えましょう。「アタマの手放しをして」「刻刻に今ここで生き生きした生命の実物に覚めるということ以外にはない」と、その著『求道――自己を生きる』の中で書かれています。

また私の本師、余語翠巖老師は「只《し》管《かん》、ひたすらという坐り方がどういうことになるのか。天地の形そのものになった姿、何も求めず、どうこうしようとする思いは一つもそこにはない」。このようなことをおっしゃっています。

また、思いがけず駒澤大学名誉教授の石井修道先生の『原文対照現代語訳 道元禅師全集』第九巻の中に次のような坐禅についての言を見つけました。曰く「「只管打坐」とはと問われれば、（中略）仏祖に供養する（菩薩の）坐禅と答えることとしよう」と。私は目が覚めた思いがして、すぐに坐りました。

『修証義』には具体的に坐禅についての記載はありませんが、だからといって坐禅をしなくてよいということではありません。ただ、どなたでも、どこでもできるということでもありませんので、できる方はどうぞなさってください。

ただ、私の願いはなんとか仏教がもう少し身近にならないかと切に思っていますので、その願いに勇気づけられ、皆様と共に、仏教を学ばせていただこうという姿勢で、なんとか解説を試みさせていただいた次第です。『修証義』には、仏教徒として実践したい「布施・愛語・利行・同事」の四摂法という教えが説かれています。他にも八正道などの大事な実践の教えもありますが、別の機会にご一緒に学びたいと願っています。

現代は宗教離れの人が多いと言いますが、果たしてそうでしょうか。多くの新宗教に、真剣に救いを求めている方々が多いのではないでしょうか。お寺の檀家の皆様は、先祖供養の信仰の方が強いかもしれませんが、やはり仏教とはどんな教えか学んでみたいとお思いではないでしょうか。

世の中はますます混迷を深めています。若い頃は世の中はだんだんに良くなるものだと単純に思っていましたが、国内も世界も、ますますひどい状況を呈していると言わざるをえません。「世の中はだんだんに悪くなるなあ」とおっしゃっていた本師の言葉が耳に残っています。果たしてこの地球号はどこに向かっているのでしょうか。

科学だけでは解明できないことは、自明の理です。たとえ宇宙に住めるほどに科学が進歩しても、地球人類の行方を解明することは困難でしょう。

現代は、人間が人間として人間を生ききることが難しい時代と言えましょう。猫でさえ猫として生ききること、森の中で悠々と生きていた動物たちも、文明に居場所を奪われて、たとえば熊でさえ熊として生ききることが難しい時代とさえ言えましょう。特に若い人々が生きることが辛く、自殺に追いやられて、この世の命を失っているのが今の日本です。仏教国といわれている日本で、このような現状を見過すわけにはいきません。

しかし、すぐに効く特効薬を提示することは、私にはできません。でも、真理を説く宗教を学ぶことは、一条の光になるのではないかと強く信じますし、ぜひ耳を傾けていただきたいと願うのです。文中にも私の霊的体験についても書かせていただきましたが、人間の命のみならず、全ての「命」は不思議なエネルギーです。この地上にある存在だけが「命」と思っている人は多いでしょうが、この不思議なる命は天と地と共にあります。誰でも一人一人が、大いなる天地の命の発露です。ぜひ、一人一人に任されたこの命をじっくりと責任をもって、楽しく、生きていこうではありませんか。

どんなに大変な人生でも、この世での命の終わりには、「我が人生よ、有難う」と言って、目を閉じられるような生き方をしたいものだと思います。なんとしても生きましょう。

その願いにて『修証義』の解説を書かせていただきました。少々冒険ですが、各節にあわせて、詩のような一文を作ってみました。思い出してみますと、ヘルマン・ヘッセに心酔していた高校時代、詩をよく書いていました。詩と共に『修証義』を味わっていただくのも、ご理解の一助になれれば幸甚です。願わくば、皆様の「命の信仰」を深めていただくために、たとえ微なりといえどもお役に立てれば有り難いと願っています。

最後に、四年にわたり『修証義』解説を書き続けることを励ましていただきました、仏教企画代表取締役の藤木隆宣老師に御礼申し上げます。

また、佼成出版社で出版していただけることになり、編集部の横山弘美氏、大室英暁氏には、有用なアドバイスを多々いただき大変お世話になりまして御礼申し上げます。

合掌

平成二十八年　春彼岸

丸山劫外

参考文献

【『修証義』関連】

『正法眼蔵 修証義』藤本幸邦著、一九六四年一月、円福寺出版部
『禅の修証義』佐藤泰舜著、一九七五年十月、誠信書房
『生を明らめ死を明むるは──修証義講話』余語翠巖著、一九八四年九月、地湧社
『修証義編纂史』岡田宜法著、一九八六年七月、曹洞宗宗務庁
『『修証義』布教のためのガイドブック』櫻井秀雄・奈良康明・松田文雄ほか著、一九九〇年三月、曹洞宗宗務庁
『講義録──平成元年度布教師養成所』一九九〇年三月、曹洞宗宗務庁教化部布教課
『修証義にきく』太田久紀著、一九九〇年四月、曹洞宗宗務庁
『修証義読本──運命をどう生きるか』須田道輝著、一九九二年七月、仏教企画
『意訳 修証義』曹洞宗岡山県第一地区研修委員会編集、一九九六年七月、曹洞宗岡山県第一地区研修委員会発行
『修証義に聞く──道元禅の真髄』松原泰道著、一九九六年十月、潮文社
『修証義十二か月』水野弥穂子著、一九九七年十月、曹洞宗宗務庁
『パーリ仏典中部──中分五十経篇Ｉ』片山一良訳、一九九九年六月、大蔵出版
『あなただけの修証義』奈良康明監修、中野東禅・小倉玄照・熊谷忠興共著、二〇〇一年一月、小学館
『続修証義十二か月』水野弥穂子著、二〇〇二年十月、曹洞宗宗務庁
『対照修証義──1分3分5分法話実例集成』池田魯参監修、二〇〇九年三月、四季社
『道元禅師のことば──「修証義」入門』有福孝岳著、二〇一〇年四月、法藏館
『即心是仏というは』辻淳彦著、二〇一一年六月、曹洞宗宗務庁

【道元禅師関連】
『道元』竹内道雄著、一九六二年六月、吉川弘文館
『求道――自己を生きる』内山興正著、一九七七年三月、柏樹社
『宋代禅宗史の研究――中国曹洞宗と道元禅』石井修道著、一九八七年十月、大東出版社
『道元のこころ』田上太秀著、一九八七年十一月、大蔵出版
『道元禅の成立史的研究』石井修道著、一九九一年八月、大蔵出版
『修証義と正法眼蔵との対比』曹洞宗宗学研究所編、一九九三年四月、曹洞宗宗務庁
『道元禅師』鏡島元隆著、一九九七年九月、春秋社
『道はるかなりとも』青山俊董著、一九九八年十一月、佼成出版社
『道元入門』角田泰隆著、一九九九年十月、大蔵出版
『道元禅師の宗教と現代』衛藤即応著、二〇〇〇年十一月、春秋社
『『修証義』について考える――「旃陀羅・修証義」に関する専門部会中間報告』曹洞宗人権擁護推進本部編、二〇〇一年三月、曹洞宗宗務庁
『禅のすすめ――道元のことば』角田泰隆著、二〇〇三年三月、ＮＨＫライブラリー
『道元――自己・時間・世界はどのように成立するのか』頼住光子著、二〇〇五年十一月、ＮＨＫ出版
『『ダンマパダ』全詩解説――仏祖に学ぶひとすじの道』片山一良著、二〇〇九年十二月、大蔵出版
『道元――日本人のこころの言葉』大谷哲夫著、二〇一〇年三月、創元社
『原文対照現代語訳 道元禅師全集』第九巻（正法眼蔵9）、石井修道訳註、二〇一二年四月、春秋社
『仏教の真実』田上太秀著、二〇一三年八月、講談社現代新書
『曹洞宗近代教団史』曹洞宗総合研究センター編、二〇一四年三月、曹洞宗総合研究センター

丸山劫外（まるやま・こうがい）

昭和二十一年、群馬県水上町に生まれる。早稲田大学教育学部卒業。昭和五十七年、浄空院浅田大泉老師に就いて得度。同年、浅田泰徳老師の下で立職。平成元年、最乗寺余語翠巖老師の室にて嗣法。平成十六年、駒澤大学大学院人文科学研究科仏教学専攻博士課程単位取得満期退学。同年より平成二十二年まで曹洞宗総合研究センター宗学研究部門研究員を務め、現在、同センター宗学研究部門特別研究員、曹洞宗吉祥院（埼玉県所沢市）住職を務める。「写経と法話の会」元講師（昭和女子大学オープンカレッジ、ＮＨＫ学園、読売文化センター）。

著書に『中国禅僧祖師伝』（曹洞宗宗務庁）、『雲と風と月と――尼僧の供養記』（中央公論事業出版）等があり、編輯本に『宗教の風光――余語翠巖老師遺稿集』（中山書房仏書林）があるほか、研究論文が多数ある。

『修証義』解説　――道元禅師に学ぶ人間の道――

2016年　4　月30日　初版第1刷発行
2023年　12　月10日　初版第4刷発行

著　者　丸山劫外
発行者　藤木隆宣
発行所　有限会社仏教企画
〒252-0116　神奈川県相模原市緑区城山4-2-5
電話（042）703-8641
発売元　株式会社佼成出版社
〒166-8535　東京都杉並区和田2-7-1
電話（03）5385-2323（販売）
URL　https://kosei-shuppan.co.jp/
印刷所　小宮山印刷株式会社
製本所　株式会社若林製本工場

ISBN978-4-333-02732-3　C0015